NAPOLEÃO

Coleção Globo Livros
História

A Revolução de 1989, Queda do Império Soviético, Victor Sebestyen
A História Perdida de Eva Braun, Angela Lambert
O Expresso Berlim-Bagdá, Sean McMeekin
Diário de Berlim Ocupada 1945-1948, Ruth Andreas-Friedrich
O Conde Ciano, Sombra de Mussolini, Ray Moseley
Churchill e Três Americanos em Londres, Lynne Olson
Declínio e Queda do Império Otomano, Alan Palmer
Napoleão, André Maurois

ANDRÉ MAUROIS

NAPOLEÃO

Uma biografia ilustrada

Tradução
Vera Giambastiani

GLOBOLIVROS

Texto fixado conforme as regras do novo Acordo Ortográfico
da Língua Portuguesa (Decreto Legislativo nº 54, de 1995)

Editor responsável: Carla Fortino
Assistente editorial: Sarah Czapski Simoni
Tradução: Vera Giambastiani
Revisão: Márcia Moura
Capa: Rafael Nobre | Babilonia Cultura Editorial
Foto da capa: Latinstock / © Bettmann / CORBIS / Corbis (DC)
Foto da quarta capa: © Bulloz / imagem extraída da p. 46

1ª edição, 2013

Dados Internacionais de Catalogação na Publicação (CIP)
(Câmara Brasileira do Livro, SP, Brasil)

Maurois, André
Napoleão : uma biografia ilustrada / André Maurois ; tradução Vera Giambastiani. -- São Paulo : Globo, 2013.

Título original: Napoleon a pictorial biography.
ISBN 978-85-250-5273-5

1. França - História - Revolução, 1789-1799
2. França - Reis e governantes - Biografia
3. Napoleão I, Imperador dos franceses, 1769-1821
I. Título.

12-10830 CDD-923.1

Índices para catálogo sistemático:
1. França : Reis e governantes : Biografia
923.1

Direitos de edição em língua portuguesa
adquiridos por Editora Globo S.A.
Av. Jaguaré, 1485 – 05346-902 – São Paulo, SP
www.globolivros.com.br

Vista de Ajaccio em 1769, ano do nascimento de Napoleão.

Os GRANDES DESTINOS são imprevisíveis. Quem poderia adivinhar em 1769 que uma criança corsa, recém-vinda ao mundo, criaria um império na França e distribuiria entre seus irmãos os tronos da Europa? Quem teria previsto, em 1794, que um jovem tenente, recém-francês, tornar-se-ia em 1800 o senhor do país? Quem ousaria afirmar em 1810 que, cinco anos mais tarde, tão brilhante estrela se extinguiria? Quem teria imaginado, em 1815, que seis anos de exílio serviriam de pedestal à mais prodigiosa reputação póstuma do século? E quem então pensaria que esse homem, após ter por vinte anos levado os franceses à batalha, à vitória, depois à derrota, permaneceria amado por eles, e que sua lenda se tornaria uma das mais fascinantes da história?

Quando ele nasceu, no dia 15 de agosto de 1769, a Córsega tornara-se francesa havia apenas um ano. Os genoveses, em 1768, tinham vendido para a França a bela ilha montanhosa e coberta de florestas. As constantes revoltas dos corsos, povo orgulhoso, haviam finalmente cansado os ocupantes italianos. Muitos dos conselheiros de Louis XV se opuseram à aquisição. Se o Rei lhes tivesse dado ouvidos, qual teria sido o destino de Napoleão Bonaparte? Quem sabe, com a ilha tornada independente sob o governo de Paoli, líder da resistência corsa, seus habitantes se contentassem com uma política de clãs; ou quem sabe fosse conquistada pelos ingleses, povo conservador demais para que uma carreira fulgurante se pudesse tornar viável. Como resultado, uma vida medíocre, quiçá feliz, poderia ter sido construída em alguns hectares de amoreiras, vinhedos e oliveiras.

Pasquale Paoli, por Riccardo Cosway.

Carlo Bonaparte (*Buonaparte*), figura de destaque na ilha, tinha sua origem na pequena nobreza italiana. A família provinha da Toscana. Na Córsega, ela subsistira, um tanto frugalmente, de terras indiferentes e de ganhos incertos como notários ou escriturários da Corte. Dois tios padres, "gente de mérito," ajudavam o clã. Um deles tornou-se arcediago de Ajaccio. Carlo Bonaparte, belo e corajoso, esposara com dezoito anos Letizia Ramolino, na época com quatorze, filha de um funcionário a serviço dos genoveses. Letizia Bonaparte mostrou durante toda a sua vida o profundo senso de honra e a dignidade natural dos corsos. Se mesmo na riqueza foi parcimoniosa, era por ter conhecido a miséria. Stendhal louva esse caráter impassível, firme e ardente, comparável às mulheres de Plutarco e às heroínas italianas da Renascença.

No momento em que os franceses tomaram posse da Córsega, Paoli, defensor radical da independência, lutou contra esses estrangeiros. Carlo Bonaparte, sempre acompanhado de sua bela e jovem mulher, permaneceu fiel ao herói da resistência. Somente depois da derrota e da partida de Paoli concordou em aceitar um salvo-conduto do comandante francês e voltar para casa em Ajaccio, onde, em agosto, sua mulher deu à luz. Diz a lenda que, sem forças para chegar ao quarto de dormir, Letizia teve seu segundo filho, Napoleão, na antessala, sobre um tapete com figuras antigas. Ela gerou treze filhos

Casa de Bonaparte em Ajaccio, por Alexis Daligé de Fontenay.

Carlo-Maria Buonaparte, pai de Napoleão.

Letizia Bonaparte, nascida Ramolino.

dos quais oito sobreviveram: José (o mais velho), Napoleão, Luciano, Jerome, Louis, Caroline, Elisa, Pauline.

Para alimentar essa numerosa família era necessário trabalhar e, portanto, reconciliar-se com os franceses. Estes ofereciam o perdão e o esquecimento. Carlo Bonaparte passou simplesmente para o partido francês. Mas os filhos seriam criados dentro das heroicas lembranças de Paoli e seus sonhos de uma Córsega livre. Paoli foi o primeiro modelo de Napoleão. O líder corso chegara ao comando supremo antes dos trinta anos; constantemente citava Plutarco, cuja obra se tornou o catecismo do jovem Napoleão. Letizia Bonaparte, mulher notável tanto por seu espírito superior quanto pela beleza, havia atraído a atenção do general francês, o conde de Marbeuf, "que lhe fazia a corte à moda italiana" (Stendhal). Graças à amizade de M. de Marbeuf, Carlo (Charles) Bonaparte foi reconhecido como nobre (o que já era de fato) e designado representante da Córsega na corte da França em 1779. Um sobrinho do general de Marbeuf, arcebispo de Lyon, era o responsável pela folha de benefícios reais. Ele concedeu três bolsas de estudo à família Bonaparte: uma para José no seminário de Autun, outra para Napoleão na escola militar de Brienne, e a terceira para uma das filhas, no pensionato real de Saint-Cyr. Napoleão, com nove anos, foi então levado para a França por seu pai. Evento aparentemente insignificante. Quem era ele? Um menininho corso, inteligente e batalhador, inebriado do odor selvagem de sua ilha, pouco instruído, falando apenas o dialeto local.

"O caráter de Napoleão fortaleceu-se na escola de Brienne por essa grande prova das almas orgulhosas, ardentes e tímidas: o contato com estrangeiros inimigos." (Bainville.) Por pronunciar seu nome com sotaque corso, que dava algo como *Napolione*, os colegas o chamavam de *n'a-paille-au-nez*. Podemos imaginá-lo taciturno, suscetível, desdenhando as brincadeiras. Ele é "aluno do rei," tem como colegas moços de boas famílias; mas continua a considerar sua pátria, a Córsega, como um país ocupado e oprimido pelos franceses. Entretanto, pouco a pouco, seu caráter se firmou. Nas atividades militares mostrou talento em construir fortificações. No contato com aqueles franceses adquiria seus preconceitos, tornava-se um homem do século XVIII, recebia uma educação religiosa mais voltairiana e mundana do que evangélica. Um aluno brilhante? Não, um aluno médio. Bom matemático, rejeitava o estudo de latim e conservava no francês a mais fantasiosa das ortografias. Mas tinha gosto por história, por geografia, e lia vorazmente. Diz-se que um dos professores definia assim seu estilo: "Granito aquecido por um vulcão." Talvez.

Busto de Napoleão em seu tempo de Brienne.

Entrada do Colégio Militar de Brienne em 1780.

Napoleão passou cinco anos sem rever a família. Carlo Bonaparte continuava a padecer da falta de dinheiro. José, destinado ao sacerdócio, se rebelava. Luciano chegava à idade em que deveria ir para Brienne, mas lá dois irmãos não podiam ser bolsistas ao mesmo tempo, e Napoleão ainda não fora selecionado para a escola de Paris. A Inspetoria das Escolas Militares hesitava entre a marinha e o exército para ele. Por fim, suas notas em matemática serviram para enviá-lo como "artilheiro" para a Escola Militar. Era o ano de 1784.

Eis agora o jovem bolsista corso andando pelos belos edifícios desenhados por Gabriel, os quais ainda hoje admiramos. Impressionou-se com sua grandeza, com o estilo de vida de uma escola dos filhos das mais nobres famílias e com a riqueza de Paris e da França. Ali, fez amigos que conservou e cuja carreira mais tarde ajudou. Sua passagem pela Escola foi pouco marcante. O professor de alemão o achava bronco; o de matemática, genial. Em 1785 passou no exame de ingresso para a artilharia. Entre 36 vagas ele ficou com a 12ª e foi designado para o regimento de La Fère como aspirante. Diz Stendhal que ao lado do seu nome escreveram: "Corso de caráter e de nação, irá longe se as circunstâncias ajudarem."

No mesmo ano (1785), Carlo Bonaparte morreu de câncer no estômago aos 39 anos. Mme. Letizia ficou sozinha com os filhos, tão carregada de família quanto carente de recursos. Felizmente, havia apenas mais um concurso para Napoleão passar e ganhar soldo.

Primeiro retrato conhecido de Napoleão, em 1785, aos dezesseis anos.

Napoleão Bonaparte tenente, por Louis Lafitte, Institut de France.

Luciano Bonaparte, por Jacques Réattu.

Capela da Escola Militar de Paris, por Gabriel, foto de E. Boudot-Lamotte.

Tornou-se oficial aos dezesseis anos e quinze dias. Algo altamente honroso. Não deslumbrara seu examinador (o ilustre Laplace), mas podia estar orgulhoso de si mesmo. Do menino corso que não falava senão um dialeto ao tenente dos exércitos reais, ele andara um bom caminho. Queria servir numa guarnição no sul onde pudesse estar próximo da Córsega; foi classificado em Valence. A regra, mui sensata, exigia do futuro oficial três meses como atirador *cannonier*; Bonaparte aprendeu a conhecer os *troupiers* e a falar com eles. Em janeiro de 1786, obteve enfim o uniforme de oficial e as dragonas.

Quem é ele agora? Que desejava? Antes de tudo, ganhar a vida, ajudar os seus e, se possível, voltar à Córsega para ali seguir uma carreira política e militar. É obcecado pelo mito de Paoli. Sonha em escrever uma história da Córsega, pois esse artilheiro é, de coração, homem de letras. Em Valence, ele esgota toda a biblioteca local. Poucos livros militares; farta-se na política: Rousseau, o abade Raynal. Procura razões e argumentos para libertar a Córsega. Ele próprio enche folhas e mais folhas de papel e sonha em fazer brilhar na literatura o nome *Napoléon Bonaparte*. Por fim, consegue uma licença e ruma de imediato para sua ilha, carregando um baú cheio de livros: Tácito, Montaigne, Montesquieu e também Corneille, que sabe de cor e recita. No regimento aprendera um pouco da arte militar. "Com exceção de matemática, de artilharia e de Plutarco," não domina nenhum assunto. Mas possui a habilidade de "gerar ideias novas com uma presteza incrível" (Stendhal) e de fazer abordagem direta das questões, como se ninguém as tivesse estudado antes.

Ei-lo em Ajaccio, onde reencontra sua admirável mãe, que está muito infeliz, em grande necessidade de uma pensão. Napoleão, cujo uniforme dá prestígio, é incumbido de ir à França interceder por sua família. Chega a Paris, obtém audiências, mas poucos resultados. Um único fato digno de nota: nas galerias do Palais-Royal encontra uma jovem que comercia seus encantos. Como ela parece tão tímida quanto ele, cria coragem para lhe falar, desfecha-lhe uma preleção moral à la Rousseau, depois aceita ir para a casa dela. É sua primeira experiência, não de amor, mas das mulheres. Escreverá sobre o episódio, com realismo e mesmo com certo talento. De volta à Córsega demora-se na ilha, renovando o pedido de licença por vinte meses. É lá sua verdadeira vida. Por fim, pesaroso, em junho de 1788 regressa à sua unidade.

Seu regimento não o reenvia a Valence. Agora é em Auxonne, cidadezinha da Borgonha, que ele vai servir. Aluga um quarto quase vazio. Seu irmão Luciano, encargo que assumiu, dorme perto dele num colchão. Período proveitoso, pois seu comandante é o general du Teil, que tem ideias sobre a arte da guerra e o faz ler o *Essai Général de Tactique* do conde de Guibert, célebre por ter sido amante de Mlle. de Lespinasse e dono também de outra glória, a de ter codificado a guerra moderna. Ganhar superioridade em um ponto-chave, atacar esse ponto com todas as forças, obter o efeito surpresa pela rapidez do movimento: a teoria do que se chamará mais tarde de guerra napoleônica está toda no Guibert. O tenente Bonaparte tira bom proveito.

Não há limite para sua capacidade de trabalho. Ele aprende seja onde for, não importa o quê; um dia pode ser útil. Analisa a *República* de Platão e a história de Friedrich II. Certa vez, punido com detenção, acha em seu quarto um só livro: *Institutes*, de Justiniano. Sua excelente memória os decora. Um dia, causará pasmo ao Conselho de Estado citando leis romanas. 1789. Explode a Revolução Francesa. Por toda parte ocorrem distúrbios, e a Borgonha não é exceção. Onde o tenente Bonaparte comanda, a repressão é dura. Na abadia de Cîteaux manda prender quatro ou cinco dos monges mais rebeldes, tranca-os no calabouço do mosteiro e acaba com o motim. Quando julga conveniente, ameaça atirar, e não hesitaria em fazê-lo; tal como Goethe, prefere a injustiça à desordem. Ainda não é a *sua* revolução. Francês de segunda mão, soldado do rei por ofício, acima de tudo ele se pergunta de que modo aqueles grandes movimentos poderiam levar à libertação de seu país: a Córsega.

Quanto à Revolução, ele a olha de fora, como espectador, afastando-se sempre que pode e requerendo licenças para ir "à terrinha."

Ficará na ilha de setembro de 1789 a janeiro de 1791, de outubro de 1791 a abril de 1792, de outubro de 1792 a junho de 1793 e se envolverá nas querelas locais. Tendo participação perigosa numa rebelião popular em Ajaccio, corre o risco de ser considerado *émigré* e excluído dos quadros do exército. Ora, seu único status social e pecuniário é na França. Apreensivo, corre a Paris e, graças aos deputados corsos na Assembleia que são seus amigos (Salicetti, Chiappe, Casabianca), acerta ser reintegrado e até mesmo promovido a capitão. Em 10 de agosto, ao ver Louis XVI à janela usando o barrete frígio vermelho, exclama: *Che coglione!* Ele próprio teria mandado atirar "nessa canalha vil." Aos vinte e três anos, perdeu toda a fé na revolução idealista, a dos filósofos, aos quais chamará dali em diante, com desprezo, os *ideólogos*. Não lhe interessarão mais doutrinas, terá apenas um objetivo: a ação. Para a Córsega, ainda resta uma esperança; vendo a França mergulhar na anarquia, ele imagina se a ilha não teria, com a derrubada do rei da França, sua chance de liberdade. Nesse momento, o pensionato de meninas em Saint-Cyr, instituição real, fecha as portas, e ele precisa levar Elisa, a irmã, de volta para a família; um bom pretexto para retornar mais uma vez à sua ilha.

Na viagem, irmão e irmã passaram por Toulon onde estava o irmão mais moço, Luciano. No porto, uma turba hostil toma-os por aristocratas,

Louis XVI com o barrete frígio vermelho.
"*Che coglione!*"– teria dito Napoleão ao ver o Rei usando aquilo.

porque a jovem Elisa usava uma fita preta no chapéu. Napoleão arranca a fita e a joga na água. Vale notar que a França está então em guerra contra a Europa, o que não impede o capitão Bonaparte, oficial francês, de embarcar para Ajaccio; para ele, essa ainda não era a *sua* guerra.

Janeiro de 1793. Os exércitos franceses, vitoriosos, rechaçaram a invasão, conquistaram a Bélgica, a Saboia e Nice. O governo francês deseja anexar a Sardenha, ilha pobre mas pertencente à casa de Saboia. A operação será feita por tropas francesas reforçadas de voluntários corsos. Oportunidade única de ser ao mesmo tempo oficial corso e oficial francês. Com muita habilidade, Napoleão é nomeado tenente-coronel temporário dos voluntários corsos. Participará da expedição como comandante da artilharia, que se compõe de dois canhões e um morteiro.

É sua primeira campanha, e ela sai muito mal. Há total falta de confiança entre franceses e corsos. Os corsos são comandados por um primo de Paoli, Cesari, a quem Paoli recomendara secretamente fazer a expedição fracassar. A traiçoeira missão será cumprida. Bonaparte, que havia levado a sério essa pequena guerra, consegue desembarcar na ilha de San Stefano e posicionar a artilharia com grande perícia. Mas os marinheiros se amotinam; Cesari capitula, a fim de cumprir a instrução secreta de Paoli, e Bonaparte, intimamente enfurecido, é obrigado a reembarcar abandonando seus três canhões. Nada mais singular, nesse estranho episódio, do que a atitude ambígua do moço em seu regresso. Assina um protesto dos oficiais voluntários contra a vergonhosa retirada, mas envia uma carta pessoal amigável para Cesari (Godlewski). Saber-se-á, um dia?

Na Córsega, declara-se a *vendetta* entre os Paolis e os Bonapartes. O velho chefe, cada vez mais francófobo, desconfia dessa família renegada. Não estava errado, pois Luciano (de dezoito anos) o havia acusado, no clube dos jacobinos de Toulon, de ser um agente da Inglaterra. Paris, alertada, ordena a prisão de Paoli. A reação dos paolistas é uma furiosa campanha contra os Bonapartes, atacados por aceitarem as bolsas régias, pela amizade com M. de Marbeuf, pela atitude de Luciano. Napoleão envia um bilhete à mãe. "Prepare-se para partir; esse não é mais um país para nós." Mme. Letizia abandona o lar de Ajaccio em boa hora, pouco antes de sua casa ser devastada. A mãe vagueia com seus filhos menores pela costa até José e Napoleão virem buscá-la, a bordo de um navio francês. A família se refugia primeiramente em Calvi, depois, em junho de 1793, em Toulon e, por fim, em Marselha.

São tempos de grande aperto financeiro, de quase indigência. Que têm, todos esses Bonapartes, para viver? Um soldo de capitão e a

Désirée Clary,
mais tarde Mme. Bernadotte.

pequena ajuda de repatriamento que o governo francês dá aos corsos refugiados. Mas Mme. Letizia é corajosa, e seus filhos são belos. Ela se relaciona com um marselhês comerciante de tecidos, Clary, de quem José desposa uma das filhas, Marie-Julie, que será um dia rainha da Espanha. Napoleão teria de bom grado se casado com a outra filha, Désirée. Dizem que Clary achou que um Bonaparte na família já era suficiente. Désirée Clary iria mais tarde casar com Bernadotte e se tornar rainha da Suécia. Clary cometera um erro em recusar o segundo Bonaparte. Mas como poderia ter previsto a incrível sequência da história? Aos vinte e quatro anos, Napoleão, num tempo em que outros faziam carreiras prodigiosas, era um mero capitão sem emprego e aparentemente sem futuro.

Havia desperdiçado seus melhores anos perseguindo, em vão, seu sonho corso. As aventuras em Ajaccio e na Sardenha o curaram de vez das esperanças corsas e dos sonhos revolucionários. Livrou-se de toda ideologia, toda a metafísica, todo o provincianismo. Não crê mais na bondade da natureza humana. O temor, o interesse, muitas vezes também a honra, dirigem os homens. Pelo momento, ele servirá a Revolução porque não vê outra causa a que servir. Inicialmente, em funções absolutamente subalternas. Em Nice, servindo nas baterias costeiras, aquece fornalhas para disparar "bolas incandescentes" contra os navios ingleses; em Avignon organiza comboios para o exército na Itália, “trabalho de intendente.” A carreira de soldado não avança; reinventa-se homem de letras e escreve *Le Souper de Beaucaire*.

É o melhor de seus textos, o mais habilidoso e mais rico de consequências. O sul da França se insurgira contra a Convenção. A cidade de Marselha era girondina. O capitão Bonaparte escreveu um diálogo brilhante, divertido, no qual demonstrava para um federalista marselhês que a Convenção com certeza vencerá porque tem o melhor, o único exército. E caso os marselheses se obstinem, a cidade deles será destruída. O enredo, muito bem exposto, sucinto, agradou aos comissários da Convenção. Servia-lhes como excelente propaganda. Um deles, Salicetti, era corso e amigo de Bonaparte, ao lado do qual havia combatido Paoli. Proporá nomear seu compatriota comandante de batalhão, “o único capitão de artilharia em situação de montar as operações,” e aproveitá-lo no cerco de Toulon.

A cidade, sublevada, havia pedido ajuda aos ingleses. A situação era bastante perigosa para a Revolução, porque simultaneamente Lyon içava a bandeira branca dos realistas, e a guerra civil continuava na Provence. Os ingleses, os espanhóis e os sardos poderiam formar um exército em Toulon, avançar pelo vale do Ródano e juntar-se às tropas do Piemonte e dos lioneses rebelados. A Convenção enviara o general Carteaux para sitiar e retomar Lyon. O general era um homem corajoso, ignorante, que não compreendeu quando o jovem artilheiro

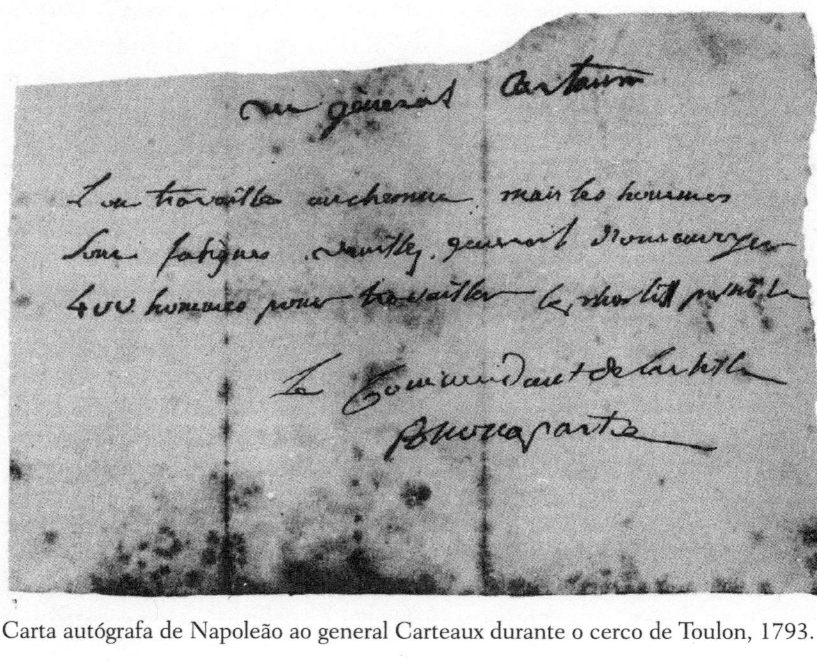

Carta autógrafa de Napoleão ao general Carteaux durante o cerco de Toulon, 1793.

Bonaparte no cerco de Toulon, por Bulloz.

mostrou-lhe que a posição-chave de Toulon era a ponta de l'Éguillette e que era para lá, e não para a cidade, que se devia fazer o esforço.

A razão estava com o jovem capitão, e não com o general; e aqui aparece claríssima uma das formas do gênio de Bonaparte: estudar tudo e para tudo se preparar. Quando de sua estada em Toulon como simples viajante, ele havia examinado a baía localizando adequadas posições de bateria. Nessa ocasião, constatara que, da ponta de l'Éguillette, podiam-se disparar balas de canhão incandescentes vermelhas nos navios do ancoradouro e forçá-los à retirada. Carteaux vacilara, mas seu sucessor, Dugommier, deixou-se convencer pela tenacidade e clareza de Bonaparte. Tudo ocorreu como este havia dito. Bonaparte, empenhado em manejar pessoalmente o canhão, feriu-se; ganhou ali o posto de general de brigada, promoção solicitada para ele não só por Salicetti, mas por dois outros comissários: Robespierre, o moço, e Barras.

É engano pensar que esse primeiro sucesso forçosamente marcaria o início de uma grande carreira militar. Durante o Terror faziam-se muitos generais de brigada – também, com facilidade, destituídos. Bonaparte, é bem verdade, granjeara a estima dos Robespierres, mas o que seria dos próprios Robespierres? Em março de 1794, ele foi nomeado comandante de artilharia do exército da campanha na Itália. Atribuição importante porque lhe permitirá conhecer a geografia da região de algumas de suas mais admiráveis campanhas e familiarizar-se também com o comando de grandes unidades. O comandante em chefe e os representantes da Convenção imediatamente levaram a sério o novo general, tão jovem, tão franzino, mas de conduta austera, rigorosamente calculada para inspirar respeito. Pouco tempo depois, incumbiram-no do plano das operações e tudo mudou. Por três anos "haviam disparado tiros ao acaso" – em alguns meses a situação foi reordenada. Bonaparte preparava o plano que mais tarde lhe abriria o caminho do Piemonte, quando os acontecimentos do 9 Termidor em Paris puseram fim ao Terror. Os Robespierres foram derrubados, e o jovem general preso por ordem de seu próprio amigo Salicetti. Em tempos de revolução as amizades são frágeis e medrosas. Bonaparte foi libertado mas continuou suspeito. Em 1795, Paris o chamou do front italiano a fim de designá-lo para o exército da Vendeia.

Ele recusou. Era muita audácia, parece, para um homem que não tinha uma carreira alternativa. Por que recusou? Em parte porque queriam transferi-lo para a infantaria: "Essa não é a minha arma," disse ele; em parte furioso por ter de abandonar um teatro de grandes operações (a Itália) por uma guerrilha local; acima de tudo, para não lutar contra franceses. No entanto, outros generais o haviam feito: Kleber, Hoche. Sim, mas estes eram franceses e não corsos. A verdadeira, a grande razão, é que Bonaparte leva muito em conta sua independência. Tem suficiente autoconfiança para não se precipitar. Só que é preciso comer. Seu irmão José manda-lhe algum dinheiro; seu ajudante de ordens, Junot, divide com ele os parcos proventos. Junot sonha desposar Pauline Bonaparte, que é muito bonita. Bonaparte o desencoraja: "Tu não tens nada, ela não tem nada. Dá quanto? Nada."

Esse setembro de 1795 foi um mês sombrio para ele. Sua recusa aborrecera os ministros. Vagueia, em seu surrado uniforme, pelas antessalas onde às vezes lhe pedem conselhos técnicos para o front italiano. Convive com o mundo bastante corrompido de gente que fervilha ao redor de Barras. Uma vez mais experimenta a sensação dolorosa do fracasso. Em Toulon e em Nice ele pudera bater asas o suficiente e alçar voo. Ei-lo de volta no chão. Ao saber que o sultão solicitara à França oficiais de artilharia, fica tentado. O Grão Turco paga bem, e o Oriente é o país das Mil e Uma Noites. Mas um lance do destino o detém; o departamento topográfico do exército convoca-o, e a oportunidade oriental escapa-lhe. Nesse momento, um obscuro comissário do Comitê de Salvação Pública reabre seu dossiê de general robespierrista e retira seu nome dos quadros do exército. Bonaparte

Junot, ajudante de ordens de Bonaparte.

parece estar perdido; no entanto, jamais foi tão bem servido por sua estrela. Se tivesse entrado para o serviço do sultão, quase certo que dele não sairia. Teria sido pachá, mas não imperador.

Vinte e um dias mais tarde a Convenção iria precisar de um general de fibra. O motivo: Termidor havia liquidado com os terroristas e instalado no poder Barras, Tallien e seus amigos. Eram obrigados a mudar o regime. Fizeram uma nova Constituição que criava um diretório executivo de cinco membros e duas assembleias. Mas não queriam, de modo nenhum, trazer ao poder a direita monarquista, que era muito ativa em Paris. Os novos governantes eram regicidas. Haviam posto fim ao Terror vermelho, mas não tinham a intenção de substituí-lo pelo Terror branco, que poderia chamá-los a prestar contas. Como nada comprovava que as eleições, que eram obrigados a realizar, não seriam ganhas pelos monarquistas, elaboraram um dispositivo de segurança. Decidiram que dois terços da nova assembleia deveriam ser escolhidos entre os membros da antiga Convenção. O objetivo era ganhar tempo para tomar fôlego, mas essa medida arbitrária gerou protestos indignados. Se o setor "de direita," responsável pela queda do "governo do Terror," atacar a Convenção, quem a defenderá? Pois ao condenar Robespierre, ela havia perdido o apoio dos "barretes vermelhos." Dispunha somente de um recurso: o exército. Um por vez, os generais Pichegru e Menou são chamados a protegê-la. Paris se insurge contra os decretos dos "dois terços injuriosos para a nação." Na noite de 12 *Vendémiaire* (4 de outubro de 1794), Menou parlamenta com os insurrectos. Terão estes vencido?

Visconde de Barras, por Carnavalet.

Bonaparte tenente-coronel no 1º Batalhão do Loire, 1792.

Se venceram, a Convenção está liquidada. Decidindo defender-se, ela destitui Menou. Para o comando do exército do Interior nomeia Barras que, desde Termidor [*agosto*], passava por grande chefe militar e levava à cintura um pesado sabre. Muito mais que soldado, porém, Barras era um libertino sem freios. Para exercer esse comando, precisava de um técnico a seu lado. Frequentemente via de relance o pequeno corso caído em desgraça, mas cujo dinamismo no cerco a Toulon o havia impressionado. Barras requer à Assembleia que lhe ceda Bonaparte como adjunto. A Convenção estava assustada e lhe teria concedido o que quer que fosse. "Bonaparte?" – perguntam os soldados – "quem é esse?" O desalinho das roupas, os cabelos compridos e soltos, mas principalmente sua diligência, os espantam. "Ele parecia estar em toda parte ao mesmo tempo," escreveu Thiébault em suas *Mémoires*. "A força de suas aptidões impressionava, e a admiração leva à confiança."

A Convenção dispunha apenas de 8 mil homens; os rebelados eram 30 mil, mas separados em dois grupos pelo rio Sena, ao passo que Bonaparte ocupava uma posição central fácil de defender. Havia 40 canhões no campo dos Sablons, perto de Neuilly. Os rebelados das seções de Paris contra a Convenção enviam um batalhão para tomá-los. Mas Bonaparte antecipa-se a eles e encarrega um moço, comandante de esquadrão, Murat, de buscá-los com 300 cavalos. Assim que sua artilharia chega, ele abre um fogo destruidor contra os insurrectos, os *sectionnaires*, nas escadarias da igreja Saint-Roch. Trezentos ou quatrocentos foram mortos. Esse banho de sangue brutal aquietou o outro lado. Vencedor também na Place du Carroussel e na Pont Royal, Bonaparte havia libertado e salvo a Convenção. Por convicção política? Certamente não. Se os insurrectos o tivessem na sua própria vanguarda, ele teria "feito voar fora os deputados." Simplesmente havia aproveitado a oportunidade para se distinguir. Dali em diante ele será o "general Vendemiário," célebre pela rapidez de suas decisões. Barras reintegra-o ao seu posto e lhe entrega o comando do exército do Interior. Está finalmente com os pés no estribo.

Agora, quer exercer um verdadeiro comando de exército. Essas guerras de rua, esse trabalho de chefe de polícia, não são o *seu* negócio. A Carnot, membro do Diretório e encarregado dos assuntos militares, com quem seguidamente se encontrava por motivo de serviço, o general Bonaparte fala sobre a Itália. As notícias que chegam são desencorajantes. E o Diretório, que assumira a grave responsabilidade de anexar a Bélgica, indispondo-se assim com a Inglaterra, precisava muito de vitórias. "Se eu estivesse lá," diz Bonaparte, "os austríacos já teriam rodado." "Pois você lá irá," responde Carnot, que tem em alta conta o jovem general. O comando em chefe do exército na Itália, com a idade de vinte e oito anos, é um belo sonho.

O dia 13 Vendemiário (5 de outubro de 1795).

A casa de Josefina e Napoleão Bonaparte, Rua de la Victoire (ex-Rua Chantereine).

Um sonho que vai se tornar realidade. Barras, também ele, é a favor do "capitãozinho." Unindo-os, não há só Toulon e o Vendemiário; há também Josefina de Beauharnais. É uma *créole* [*nativa branca das antigas possessões francesas*], graciosa e comunicativa, "pior que bonita (Bainville)," cujo marido, o general de Beauharnais, fora guilhotinado durante o Terror. Tem trinta e dois anos e dois filhos: Hortense e Eugène. Napoleão relatou mais tarde como Eugène viera pedir-lhe para ficar com a espada do pai, e tendo sido bem recebido elogiara o comportamento cavalheiresco do general Bonaparte; e como Josefina mostrou o desejo de agradecer ao herói do momento. Na verdade, Napoleão já devia tê-la encontrado mais de uma vez na casa de Barras, de quem ela fora amante.

Logo a seguir tornou-se visitante regular da pequena casa de Josefina, na rua Chantereine, e perdidamente apaixonado por ela. Até então mulher nenhuma o havia encantado com sua sofisticação. Josefina possuía a experiência do mundo, a ciência perfeita da vida sensual, nenhum dinheiro mas valiosas relações. Barras aconselhou o jovem general a desposá-la. Ora, ela enganava na idade? Era seis anos mais velha que ele? E daí, que importava isso? Ela não só era um vínculo com o *Ancien Régime* (qual Mme. de Berny para Balzac) como traria contatos úteis com o regime novo; dar-lhe-ia

Napoleão e Josefina Bonaparte.

"consistência." O casamento foi realizado, e Barras pôs na *corbeille* de presente o comando supremo do exército da Itália.

Era tudo que Bonaparte cobiçava desde havia muito tempo, mas a tarefa que o aguardava não foi fácil. Em 27 de março de 1796, quando o novo comandante em chefe chegou a Nice, o exército ativo era composto de pouco menos de 40 mil homens. O inimigo, austríacos e piemonteses, 80 mil. Os soldados franceses viviam numa indigência inacreditável, roupa e calçado escasseavam; os víveres não chegavam. Davam tiros de fuzil por honra da firma, porque nunca avançavam. A chegada do novo general "foi uma verdadeira revolução nas coisas" (Stendhal). Os generais – Masséna, Augereau, Berthier – mais antigos que ele, fumegavam por terem enviado para comandá-los um novato sem experiência. Tinham adquirido o hábito republicano da familiaridade e se prepararam para ser tanto mais insolentes quanto menos impressionava a aparência do novo chefe com seu talhe pequeno, o cabelo mal cortado, faixa tricolor na cintura "amarrada de modo negligente" (Thiébault) e sotaque corso.

Já nos primeiros enfrentamentos ele se fez obedecer. A atitude, o olhar, o tom da voz, tudo mantinha à distância "os bigodões." Com os generais se mostrou severo, silencioso; com os soldados soube incutir-lhes esperança. “Soldados, faltam-vos roupas, faltam-vos alimentos. Quero levá-los às planícies mais férteis do mundo. Ricas províncias e grandes cidades serão vossas. Lá encontrarão honra, glória, riquezas.” Era uma proclamação à antiga, de um leitor de Plutarco e Tito Lívio. Mas precisava, para não se desmoralizar, cumprir as promessas. Tinha ele um plano de campanha? O gabinete de Carnot dera-lhe um, que de imediato foi posto em ação.

É preciso lembrar que ele não tem quase nenhuma experiência no manejo de grandes unidades. Mas bem depressa aprenderá e improvisará. Serviram-no vários traços de seu caráter. Primeiro, ele não hesita em ser ensinado em público. Sua conversação é uma torrente de perguntas pertinentes, bem encadeadas. Um chefe menos seguro de si teria receio de revelar sua ignorância. Ele não. Tem certeza de que logo estará mais bem informado que seus informantes; seu cérebro retém e classifica. Segundo, ele possui um acúmulo considerável de conhecimentos adquiridos, leu muito; nessa Itália tão complexa, norteia-se facilmente pela geografia e pela história. Estudou esses reinos, esses estados pontifícios; sua própria mente é, em essência, italiana. E, por fim, ele possui um incrível senso político e sabe explorar qualquer vitória ou circunstância favorável.

Desde as duas primeiras semanas, segue os princípios de Guibert: tornar-se mais forte num ponto certo e atacar nesse ponto. Isso lhe permite vencer separadamente os diferentes exércitos do inimigo, abrir o caminho do Piemonte e assinar um armistício com o rei Vittorio-Amedeo. Quem deu a esse general tão moço o poder de negociar em nome da França? Ninguém. Mas o governo ao qual responde na França é fraco, precisa de dinheiro, precisa de sucesso; ele logo enviará braçadas de bandeiras capturadas do inimigo, carradas de dinheiro, obras de arte admiráveis. Que governo recusaria tais dádivas? Além do mais, o comissário a cargo de Bonaparte no Diretório é Salicetti, cujas fraquezas ele conhece e explora. Napoleão enfronha-se na grande estratégia e na alta política.

Os austríacos são comandados por um general de antiga reputação: Beaulieu. Mas o que fazer contra um endiabrado jovem corso que não respeita os princípios clássicos da guerra, assume riscos escandalosos e está por toda parte ao mesmo tempo? A região montanhosa, os vales eram ideais para ataques de surpresa e a favor do gênio de Bonaparte. Em 10 de maio, a vitória em Lodi granjeia-lhe a total confiança do exército. Indiferente à sua segurança pessoal, ele próprio liderou o ataque final. Nesse dia pressente pela primeira

Bonaparte, comandante em chefe do exército da Itália.

A batalha de Lodi, 10 de maio de 1796.

vez seu grande destino. Dirá mais tarde para Las Cases que mesmo depois de Toulon, depois do Vendemiário, estava ainda longe de se considerar um homem superior, mas em Lodi sentira que as mais altas ambições lhe eram permitidas. E para Gourgaud: "Via o mundo fugir dos meus pés como se estivesse sendo carregado no ar."

Era agora senhor da rica Lombardia, dono de Milão. Todos os outros estados italianos propuseram-se a negociar. Quanto ao exército, Stendhal descreveu, melhor do que ninguém, a euforia daqueles moços, oficiais muitos dos quais possuíam apenas um par de botas e um par de calças adequadas repartidas entre três, quando belas e ardentes mulheres os recebiam em seus palácios. Uma parte da nobreza italiana fechava a cara para o exército republicano, mas a grande maioria do povo italiano rejubilava-se por estar livre da ocupação austríaca. Habilmente, Bonaparte conquistou os padres. Um de seus parentes italianos era um velho cônego; foi visitá-lo. Podia ser que o Diretório ficasse descontente. Mas fazer o que contra esse vencedor? Quando propuseram a Bonaparte repartir seu exército com Kellerman, ele pedira demissão. "Sozinho, ou nada feito." A expressão foi menos abrupta, mas o ultimato permaneceu claro.

Precisavam dele mais do que nunca. No intuito de preservar alguma autoridade, um governo desacreditado tinha de oferecer glória, conservar a Bélgica e, se possível, ganhar a margem esquerda

Entrada dos franceses em Milão, 15 de maio de 1796.

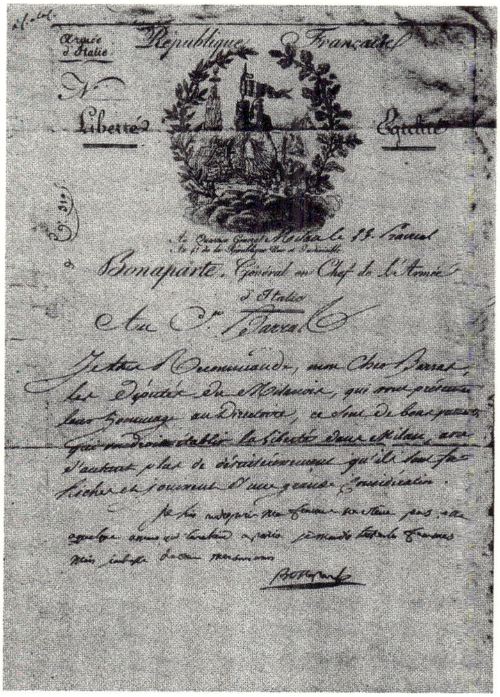

Armée d'Italie

République Française

Liberté Égalité

Bonaparte, Général en Chef de l'Armée d'Italie

Au C.en Barras

Je te recommande, mon cher Barras, les députés du Milanais, qui vont présenter leur hommage au Directoire, ce sont de bons patriotes qui voudraient établir la liberté dans Milan, avec d'autant plus de désintéressement qu'ils sont fort riches et jouissent d'une grande considération.

Bonaparte

Carta do general Bonaparte ao cidadão Barras datada de 23 de maio de 1796, Milão.

Uma das mais antigas, se não a primeira, das caricaturas inglesas de Napoleão.

do Reno. Isso dependia da Áustria. Para convencê-la a negociar era necessário estar muito bem firme na Itália e poder um dia oferecer uma troca aos austríacos: o norte da Itália pelas fronteiras naturais da França. Napoleão aplica-se nisso. Tem um plano para a Itália: fundar ali duas repúblicas sob sua proteção e entregar Veneza à Áustria como compensação. Mas a Áustria não quer ainda negociar. Envia contra os franceses seus melhores generais: Würmser, Alvinzi. Bonaparte bate-se furiosamente.

Mais furiosamente ainda por ser um marido ciumento e estar sofrendo. Josefina, para quem escreve cartas inflamadas de desejo, "cartas de amor ardente nas quais de pouco trata além de desvelos" (Merimée), o engana; e seu rival, disseram-lhe, era um certo M. Charles, a quem "devemos o furor alegre do ritmo que ele deu à campanha da Itália" (Maximilien Vox). Têm beleza essas cartas, apesar da inverossimilhança da ortografia. "Não estou contente. Tua última carta é fria como a amizade. Não encontrei nelas o fogo que anima teu olhar." (...) "Não sabes que sem ti, sem teu coração, sem teu amor, não existe para o teu marido felicidade, nem vida" (...) "Longe de ti, as noites são longas, insípidas e tristes. Estar perto de ti é querer que seja sempre noite." Mas a malvada desdenha, não compreende que desposou o maior homem de seu tempo.

Quando por fim decide ir ao encontro dele, sua chegada se dá no momento em que Würmser reúne um novo exército austríaco, em que a Itália, incerta, está pronta para sublevar-se caso os franceses venham a ser vencidos. É um momento perigoso, mas Bonaparte faz milagre após milagre. Würmser se refugia em Mântua. Alvinzi, que vem em socorro, é por sua vez derrotado, e esse é o famoso episódio da travessia da ponte d'Arcole que inspirou a bela pintura com o franzino general de semblante heroico brandindo a bandeira tricolor. Thiébault afirma que as coisas se passaram de maneira menos romântica, mas é a lenda que permanecerá.

Josefina desposara um Gato de Botas com panache de sorte, um pequeno soldado da fortuna; chegando à Itália encontra um soberano. Miot de Melito, representante diplomático do Diretório na Toscana, que vem vê-lo no castelo de Mombello, perto de Milão, encontra ali uma verdadeira corte. Um protocolo severo regula as audiências, as refeições feitas em público. É um constante vai e vem de generais franceses, de nobres italianos, de fornecedores. E o general Bonaparte discute, decide, administra – em suma, reina como se tivesse sido um chefe de estado toda a sua vida.

"O que fiz aqui," diz ele a Miot, "ainda não é nada. Estou apenas no começo da carreira que devo seguir. Acha você que é para a grandeza dos advogados do Diretório, de Carnot e de Barras que eu triunfo na

A Batalha de Arcole, 15-17 de novembro de 1796.

A Batalha de Rivoli, 14-15 janeiro de 1797.

Itália?" Miot conclui que acabara de ver "o homem mais distante das ideias e das formas republicanas."

O Diretório conhece seus sentimentos, não confia nele, envia o general Clarke para vigiá-lo e entrar em entendimento, quando chegar a hora, com a Áustria. Bonaparte não tem pressa em negociar; seria o fim daquele reinado de fato que ele exerce na Itália. Além disso, está convencido de que os ideólogos de Paris nada entendem dos assuntos italianos, misturando-os com os princípios revolucionários. O que ele próprio também fez antes com o jacobinismo. Está pronto a fazê-lo novamente se as circunstâncias o exigirem. No momento, entretanto, a Itália é o que é; os padres continuam poderosos, e o Papa tem de ser tratado com cuidado. O exército francês, por seu lado, é o que é, com um forte traço de sem-culotismo. Também requer cuidadoso tratamento. Quanto a si mesmo, que dá pouca importância às doutrinas, seu papel deverá ser o do conciliador realista.

Em janeiro de 1797 Alvinzi é derrotado na batalha de Rivoli, e Würmser capitula. É a vitória completa? Ainda não. A Áustria ainda tem um grande general: o arquiduque Karl. Diante de Bonaparte ele não resiste mais do que os outros, e sua retirada abre o caminho para Viena. Se os exércitos franceses do Reno atacassem, uma campanha na Áustria viria a ser de fato uma possibilidade. Mas o exército do Reno não se movimenta. Na Itália as retaguardas não estão garantidas. É preciso acabar com isso. Em abril, em Leoben, Bonaparte assina os acordos preliminares do tratado de paz. E por que paz, já que ele obtém, enquanto perdura a guerra, tanto prestígio? Porque na França preparam-se eleições e elas certamente levarão ao poder aquela direita que ele varreu dos degraus de Saint-Roch e que anseia por paz. Oferecendo-a, ele garante uma reconciliação, ao passo que suas conquistas lhe asseguram o apoio da esquerda patriota. O jovem general já planeja seus lances políticos como um veterano tarimbado e astucioso.

As negociações prévias de Leoben não são a paz definitiva. É preciso fazê-la? "Eu não gostaria de deixar o exército na Itália a não ser quando pudesse ter na França um papel mais ou menos parecido com o que tenho aqui, e esse momento ainda não chegou..." Um papel parecido? Este só poderia ser o de árbitro supremo, situação que o Diretório tinha toda a intenção de impedir. O próprio Bonaparte fica aguardando para saber de que lado a balança se inclinará na França. Se os monarquistas tiverem sucesso, talvez ele deva intervir, pois não tem nenhum desejo de ver a monarquia restabelecida. A direita de fato vence, e ele envia Augereau em socorro dos três dirigentes "de

Vista da cabeça de ponte de Huningue (Alto-Reno)
e a chegada do arquiduque Karl da Áustria, fevereiro de 1797.

Assinatura das preliminares de paz no castelo de Eggenwald, perto de Leoben, pelo general Bonaparte e os austríacos, 18 de abril de 1797.

esquerda." Augereau, brutal e pouco inteligente, liquida em poucas horas a nova maioria reacionária. É o 18 Frutidor, golpe de força, seguido de deportações e prisões. Bonaparte abstém-se de participar diretamente; deixa a impopularidade para Augereau. Isso lhe permitirá, "quando o dia chegar," ter unanimidade para seu nome.

Nesse meio-tempo ele negocia, a despeito das instruções do Diretório que, no Frutidor, ficara com a parte do leão, e que fala agora em estabelecer uma república em Viena. Napoleão, contrário a essas loucuras, está de acordo com o ministro dos Negócios Estrangeiros, Talleyrand, que possui como ele o senso do possível. A paz de Campoformio que Bonaparte irá ditar será razoável. O imperador da Áustria renuncia à Bélgica; a margem esquerda do Reno permanece pendente. Será destinada à França se os estados alemães derem seu consentimento. Tudo estaria perfeito se a Inglaterra tivesse assinado o tratado. Isso não ocorreu. A Inglaterra é, por princípio, contra qualquer potência demasiado forte no continente.

Irá Bonaparte, baseado nessa paz vitoriosa, apoiar-se em seu exército para derrubar o Diretório? Ele sente que isso seria uma grande imprudência. O exército continua republicano; não dá certeza de que o apoiará. A fruta não está madura. Os Diretores, que o temem, procuram ocupá-lo alhures. Terá o comando do exército de invasão à Inglaterra. Só que esse exército não existe. Então enviam esse vencedor incômodo

O dia 18 Frutidor (4 de setembro de 1797): a repressão militar.

O agradecimento da cidade de Viena após
o Tratado de Campoformio, em 12 de dezembro de 1797.

ao congresso de Rastadt, onde sua missão será persuadir os estados alemães a abandonarem a margem esquerda do Reno. Quando surgem sinais de que será bem-sucedido, chamam-no a Paris.

Faz vinte e um meses que ele deixara a capital, vinte e um meses durante os quais esse desconhecido torna-se herói nacional. Já começa a estabelecer sua família. José é comissário da República em Parma; Luciano, comissário da Guerra; Louis foi ajudante de campo do irmão na Itália. Mme. Letizia vive em Paris com as filhas. Os detratores dizem que Napoleão teve sorte. Mas ele não acredita em sorte, acredita em sua estrela, o que é bem diferente. Ela não é senão a arte de explorar as circunstâncias, uma das características do gênio.

No momento ele deseja permanecer um mistério para todos; fora muito bem recebido em Paris. A rua Chantereine onde mora fora rebatizada rua da Vitória. Sabe que essa popularidade assusta os Diretores, então afetará modéstia e humildade. Longe de exibir-se de uniforme, de bom grado se apresenta à paisana. Eleito membro do Institut (seção de ciências), nas ocasiões cerimoniais usa o uniforme acadêmico. Na Itália, havia feito amizade com Monge, matemático, criador da geometria descritiva. Em Paris ele procura os sábios: Laplace, Berthollet. Para sua interminável curiosidade, esses especialistas são companheiros valiosos, que servem também para tranquilizar os advogados no Diretório. Não é com cientistas que se conspira. Do poder ele se distancia deliberadamente; não exige nada; evita comprometer-se. Sabe que sua força está na posição de

A caminho de Rastadt, Bonaparte passa em Lausanne de noite, novembro de 1797.

Bonaparte é recebido como membro do Institut. Dia 5 Nivoso (25 de dezembro de 1797).

herói em disponibilidade, fora e acima dos partidos. Ademais, não tem nenhuma dificuldade em assim se manter; não partilha das paixões francesas: o monarquismo, o jacobinismo; sabe que qualquer iniciativa política de sua parte seria prematura.

Por outro lado, ele precisa fazer alguma coisa. "Paris não tem memória; se fico à toa, dane-me." Também o Diretório quer ocupá-lo; os Diretores julgam sua glória "inoportuna." Há o comando que lhe confiaram, do exército destinado a invadir a Inglaterra, mas esse projeto todo lhe parece quimérico. A França não tem esquadra suficiente para garantir o transporte de um exército que não é ainda senão uma expectativa. Hoche perdera um ano no preparo de uma expedição à Irlanda, no final abandonada; Bonaparte em três semanas elimina o projeto inglês. E agora? O Diretório recebeu numerosos planos de ataque à Inglaterra em outro front. Apoderando-se do Egito e avançando até a Pérsia, não seria possível interromper-lhe o caminho das Índias? É um dos antigos sonhos da diplomacia francesa; Choiseul tinha-o alimentado; depois dele, Talleyrand. O próprio Napoleão sempre teve sonhos orientais. Discutia-os com Junot quando os dois, desditosos e desempregados, caminhavam pelas ruas de Paris. Não havia então pensado, nessa época, em entrar para o exército turco? Muito melhor seria conquistar o Oriente à frente de um exército francês!

O empreendimento não era fácil. A esquadra de Nelson dominava o Mediterrâneo e seria necessário transportar para o Egito pelo menos 40 mil homens. De que maneira? O Diretório mostrava interesse nesses projetos fantásticos. Estava desejoso de afastar um general demasiado popular? O motivo em si não teria sido suficiente. Afinal de contas, o general em questão mantinha-se tranquilo; e o descontentamento popular na França havia amortecido. Mas a Revolução fizera tantas coisas extraordinárias, conquistara tantos países, derrotara tantos exércitos que agora se permitia as mais grandiosas quimeras. O próprio Bonaparte

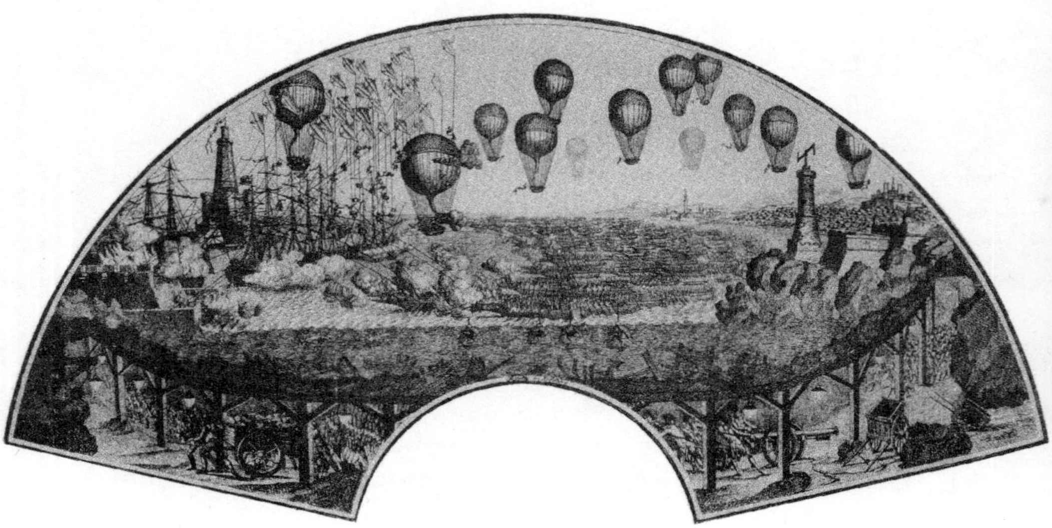

Projeto de travessia da *Manche* (Manga) por balões ou por túnel.

Projeto de invasão da Inglaterra por meio de embarcações anfíbias.

A tomada de Malta.

acreditava nelas e falava com Monge das coisas gigantescas que um homem como ele poderia fazer nesse Oriente tão rico, tão pleno de história. General e ministros estavam de acordo: era no Egito que se coagiria a Inglaterra a aceitar a nova Europa.

Mas isso implicava desembarcar no Egito, e o almirante Brueys não escondia o fato de que, se encontrasse Nelson, a esquadra francesa, sobrecarregada de comboios, seria sem dúvida aniquilada. O risco era imenso; Bonaparte aceitou-o. Embora sempre cauteloso e sensato, ele acreditava na necessidade de realizar determinadas ações para cumprir seu destino. Embarca em 19 de maio de 1798 no *Orient*. Naquele tempo, os meios de reconhecimento naval para localizar uma esquadra eram ainda rudimentares. Brueys não sabia onde estava Nelson; Nelson ignorava os planos de Brueys. Este, no caminho, tomou e ocupou Malta; depois prosseguiu para Alexandria. A bordo, o general Bonaparte se entretinha discutindo química e religião com os sábios, ouvindo música, olhando o mar à procura de Nelson. O inglês cruzou com a esquadra francesa durante a noite, a uma distância de quatro ou cinco milhas, não a avistou, e correu a procurá-la na costa da Síria. Tivesse Nelson percebido os franceses, Napoleão, seu exército, sua estrela e quinze anos de história teriam ido parar no fundo do mar.

O desembarque foi bem-sucedido. Os mamelucos, milícia turco-egípcia que dominava o país, foram vencidos; e Napoleão, tal como havia feito na Itália, põe-se a organizar. Trouxera com ele juristas, administradores, naturalistas, artistas – em suma, todos os especialistas necessários para fundar uma nova sociedade, e a fundou. Criou o Egito

A Batalha das Pirâmides (21 de julho de 1798).

moderno, conseguindo dar-lhe um forte sabor francês e ao mesmo tempo preservar o islamismo. Caso necessário, ele se teria tornado maometano. Embora mantendo um fundo de catolicismo, ele é tão pouco fanático em religião quanto em política. Manda celebrar as festividades muçulmanas; escreve aos pachás num estilo que imagina ser oriental. "Diverte-se representando trechos do repertório clássico em que M. Jourdain convive com *Zadig* e as *Lettres Persanes*" (Maximilien Vox). Os mamelucos chama-no Bounaberdis Bey. Isso tudo poderia facilmente degenerar numa farsa ridícula. Os "quarenta séculos" que contemplam seus soldados do alto das pirâmides nos evocam M. Perrichon. Mas ele se livra desse perigo por seu sentido de dignidade e por sua prodigiosa habilidade em produzir o efeito desejado. "O Egito, para sua carreira, é o *Atala* na carreira de Chateaubriand" (Bainville). Sim, e Chateaubriand estaria incompleto sem *Atala*.

Em 1º de agosto Nelson, tendo finalmente localizado a esquadra de Brueys na baía de Aboukir, a destrói. O próprio Brueys perece no *Orient*, o navio que havia transportado Bonaparte. Desastre irreparável. A Inglaterra torna-se senhora absoluta dos mares; o exército se vê isolado da França. Espantoso é Bonaparte não parecer muito desencorajado com o fato. Se for preciso ficar no Egito, ali ficará e reinará como outrora, na Itália. O exército produzirá no país tudo

Bonaparte em traje oriental conversa com o Paxá do Cairo.

A tomada do Cairo (24 de julho de 1798).

O Almirante Nelson.

que precisar. Não tem aqui seus especialistas? No dia seguinte a Aboukir ele cria o Institut d'Egypt. Diz para Bourrienne: "Quanto tempo passaremos no Egito? Alguns meses ou seis anos... Temos só vinte e nove anos; estaremos com trinta e cinco. Esses seis anos me bastam, se tudo correr bem, para chegar à Índia."

Outros papéis que ele desempenha às vezes: o de um Pirro ou de um Picrochole. Amontoa projetos sobre projetos. Os turcos avançam na Síria para expulsá-lo do Egito? Muito bem! Chegará antes deles, sublevará os cristãos do Líbano, marchará sobre Constantinopla e de lá sobre Viena, alcançando a Europa ao inverso – a menos que vá conquistar as Índias. Tudo isso é vasto demais para ter qualquer chance de sucesso. Derrota os turcos, mas é por seu turno detido diante de Saint-Jean d'Acre, que é defendida por seu antigo colega de Brienne, Phélippeaux, um *émigré*, junto com o inglês Sidney Smith. As muralhas são sólidas, e Bonaparte não tem artilharia pesada. Espumando intimamente, mostrou-se desapiedado no decorrer dessa campanha. Fora bastante humano na Itália (embora lá também não teria hesitado em fuzilar por razões de segurança), porém na retirada de Saint-Jean d'Acre manda queimar as colheitas e massacrar os prisioneiros que não podia levar. É preciso lembrar que ele elogiou Louvois pelo incêndio do Palatinado. "Um estadista não tem o direito de ser sentimental."

A Batalha de Aboukir (1º e 2 de agosto de 1798).

Bonaparte visita o Institut d'Egypt, no Cairo.

O cerco de Saint-Jean d'Acre, 1799.

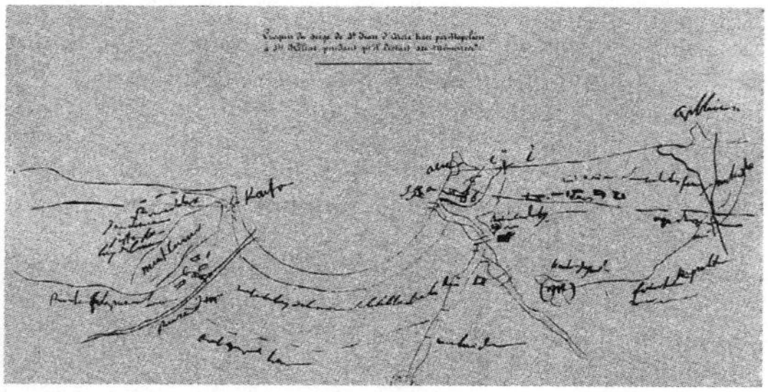

Croqui do assédio de Saint-Jean d'Acre feito por Napoleão quando ditava suas memórias em Santa Helena.

Acrescentemos que o marido sofre mais que nunca de ciúmes. Não pode mais duvidar da infidelidade de Josefina, nem de que o mundo inteiro esteja a par de sua desdita. Os ingleses se apoderaram de algumas cartas ridículas e as publicaram na imprensa, como por exemplo esta de Napoleão para seu irmão José: *Sinto intimamente uma grande infelicidade, o véu que cobria meus olhos finalmente caiu. Somente tu me restas na Terra, tua amizade me é muito cara. Só falta, para que me torne um misantropo, eu te perder ou que venhas a me trair*. Pede a José que lhe consiga uma casa no campo para onde voltar e se isolar, porque está farto da natureza humana. *Preciso de solidão e isolamento, a grandeza me aborrece, as emoções secaram, a glória é insípida, aos vinte e nove anos estou saciado*. Ossian e Werther alternam-se nele com César e Maquiavel.

Em julho de 1799 cansou do seu sonho oriental. As grandes esperanças se foram. Pôde fazer alguns belos gestos (a visita às vítimas da peste de Jaffa) que ornamentarão sua lenda; governou e criou, mas não em escala suficiente para seu espírito e ambição. A França lhe faz falta. Pouco sabe de lá. As cartas são interceptadas pelos ingleses, que só deixam passar os despachos escolhidos por eles. As notícias que assim recebe parecem muito ruins. A Itália foi perdida; o inimigo avança sobre o Reno, há ameaça de invasão. Certamente precisam dele. Na verdade o Diretório o chamou, mas ele não sabe disso. É por intuição que decide voltar. Há inconvenientes: o abandono do exército será impopular entre os soldados; Kleber, para quem vai entregar o comando, saberá cuidar do Egito? O próprio Bonaparte passará pelos navios ingleses que patrulham o Mediterrâneo? Que importa? Várias vezes já havia jogado seu destino, num risco calculado. Ainda dessa vez sua fragata passa, e ele chega a salvo à enseada de Ajaccio, que verá pela última vez (outubro de 1799). Ali ele toma conhecimento de que Masséna e Brune afastaram, com suas vitórias sobre russos, ingleses e holandeses, o perigo de invasão. A necessidade de um salvador tornou-se menos premente. Ele ainda tem chances? Logo o Destino lhe responde: "Sim."

Bonaparte visita vítimas da peste em Jaffa.

Sieyès, por David.

Retomando a vela, aporta em Fréjus, abismado com o calor da acolhida popular. Seu irmão José, que chegou antes, põe-no a par das notícias. A maioria do país se mostra hostil ao Diretório. Ninguém acredita mais no regime; ninguém o apoia, exceto por interesse. Essa jovem república está, diz Taine, "em decadência senil. Ninguém se empenha em derrubá-la, mas ela parece ter perdido a força de se manter de pé." Com Barras desacreditado, o abade Sieyès, recém-chegado de Berlim e eleito para o Diretório, é agora a viga mestra do edifício. Sieyès, reputado um grande especialista em constituições, chegava, neste último ato de uma tragédia nacional, como a divindade salvadora. O abade vê claramente que só pode se apoiar no exército. "Preciso de uma espada," murmura Sieyès, "quem a terá?" Hoche e Joubert morreram. Resta Bonaparte, menos confiável, menos franco, porém mais brilhante.

Tudo que o general vê e ouve em sua viagem para Paris comprova o desejo da França por um chefe. Para que tarefa? O país não sabe muito bem. A maioria não quer nem o retorno do terrorismo nem o retorno dos Bourbons. Sieyès conclui ser necessário um poder executivo forte; e, como a República acha-se também em guerra, parece ser desejável que o chefe seja um militar. Sieyès suspeita de Bonaparte, mas não tem escolha. Nenhum dos outros generais é tão inteligente,

Fouché em 1796.

Talleyrand em 1796.

tão objetivo, tão popular. Obviamente o governo não pode aprovar o abandono do exército sem autorização, mas o Diretório não ousa censurá-lo abertamente. Josefina continua no melhor dos termos com Barras e com o poder. Tendo inicialmente se recusado a ver a esposa infiel, o general concorda com uma reconciliação – seja pela exigência invencível dos sentidos, seja pelo cálculo de se assegurar uma esposa capaz e bem informada. Desde seu retorno a Paris, evitando comprometer-se e se engajar, não cometera nenhuma falha. Sieyès, Fouché, Talleyrand, "a trinca de padres," acham que um *coup d'état* é necessário. Para executá-lo com sucesso, precisam de Bonaparte, que a razão de estado lhes recomendaria fuzilar por abandono de posto. A razão de estado se submete; ela é apenas uma menina.

Pelas primeiras conversas com José, o general tivera a impressão de que a partida seria fácil. Longe disso. Três dos cinco membros do Diretório (Gohier, Moulin, Barras) não deram sua aprovação. Somente Sieyès e Roger Ducos sabem do plano e o aprovam. Os jacobinos do Conselho serão violentamente contrários. O próprio exército não está garantido; permanece republicano, revolucionário, e bem poderia negar-se a participar de um golpe de força. Bonaparte gostaria de não chegar ao poder pelas baionetas. Se a coisa pudesse ser feita legalmente, ficaria mais seguro quanto ao futuro. Assim,

A manhã de 18 Brumário (9 de novembro de 1799).

enquanto o abade procura uma espada, o espadachim procura a virtude, ou pelo menos a aparência dela. É bem verdade que Luciano Bonaparte, presidente do Conselho dos Quinhentos, pode ajudar, e que Sieyès, no Conselho dos Anciãos, tem colaboradores poderosos; verdade é também que Barras, comprometido de mil maneiras, não é perigoso, e que Gohier, apaixonado por Josefina, acalenta ilusões lisonjeiras que a embriagante *créole* encoraja. Seja como for, é preciso agir rápido; caso contrário o plano, que gente demais já conhece, será assunto público.

Sieyès, conforme o desejo de Bonaparte, tentou conduzir a operação legalmente. Ele era insuperável em respeitar a lei violando-a. O plano dele era o seguinte: no dia 18 Brumário, o Conselho dos Anciãos seria convocado pela manhã, muito cedo, descuidando-se de avisar a oposição. Os Anciãos, informados de que um perigoso complô ameaçava os conselheiros, decidiriam a transferência dos Quinhentos para Saint-Cloud, nas proximidades de Paris, onde estariam protegidos por Bonaparte e sua tropa. Lá, lhes seria proposto uma Constituição nova que os conselheiros, sentindo-se isolados de Paris e cercados de soldados, seriam constrangidos a aprovar. Então, três cônsules, Bonaparte, Sieyès e Roger Ducos, assumiriam o poder.

O golpe de estado de Bonaparte de 10 de novembro de 1799.
Caricatura de Gillray, 21 de novembro.

A primeira fase da operação se desenrolou segundo o plano, embora Bonaparte, no Conselho dos Anciãos, tenha discursado muito longamente e muito mal. Na reunião dos Quinhentos, de imediato após a leitura do decreto, Luciano encerrara a sessão. "Explicaremos," disse ele, "em Saint-Cloud amanhã." Naturalmente, muitos dos representantes se inquietaram. Deduziram as consequências, para eles bastante perigosas. Sieyès teria preferido prender os mais hostis. Bonaparte se recusou. Achou que se a operação aparecesse como um golpe de força, qualquer outro general poderia dar, no dia seguinte, outro golpe contra um governo que nada teria de legítimo. Mesmo assim, em 19 Brumário, em Saint-Cloud, a força teve de ser empregada, porque o calor dos ânimos se generalizou. Nos Quinhentos, desde o começo da sessão, os jacobinos protestaram com violência. Os amigos de Sieyès perderam terreno. Bonaparte passara a maior parte dos dias anteriores com seus colegas do Institut; estivera no salão de Mme. Helvétius. Teria preferido que sua investidura se apresentasse como um triunfo da razão. Quando lhe disseram que o debate estava tomando um mau aspecto, decidiu apresentar-se pessoalmente, esperando que sua presença fosse suficiente para intimidar "os advogados."

Nos Anciãos a acolhida foi boa, mas a inabilidade do orador consternou os partidários. Nos Quinhentos, à sua entrada, a gritaria se

O castelo de Saint-Cloud, para onde foi transferido o Corpo Legislativo no 18 Brumário.

avolumou. A esquerda jacobina gritava: "Fora da lei!" Corajoso no campo de batalha, Bonaparte tinha horror a tumultos. Incapaz de fazer frente a uma reunião hostil, empurrado e insultado, teve uma espécie de desfalecimento. Os granadeiros tiveram de carregá-lo para fora da sala. Quando recuperou a consciência, montou a cavalo e disse aos soldados que haviam tentado assassiná-lo. Os granadeiros, respeitosos ao mesmo tempo com os deputados em uniforme e com seu general, não sabiam mais se deviam obedecer-lhe ou prendê-lo. Luciano salvou a situação. Como presidente dos Quinhentos, tinha o direito de requisitar o apoio da tropa se algum deputado interferisse nas deliberações da assembleia. Usou desse direito. Um rufar de tambores e os granadeiros, liderados por Joachim Murat, esvaziaram a sala. O golpe de estado tivera êxito. Luciano recolheu pelos corredores suficientes deputados para votarem a exoneração dos Diretores e, para sucedê-los, aprovarem três consules. Bonaparte, Sieyès e Roger Ducos. O público só ouviu um nome. A legalidade do novo governo não foi contestada. A França não foi violada; ela própria se entregou.

No dia seguinte, dia 20, Napoleão atravessou Paris de carruagem a caminho do palácio de Luxemburgo. Como todo *décadi* [NT: *na "semana" de dez dias, cada décimo dia era "domingo"*] do calendário republi-

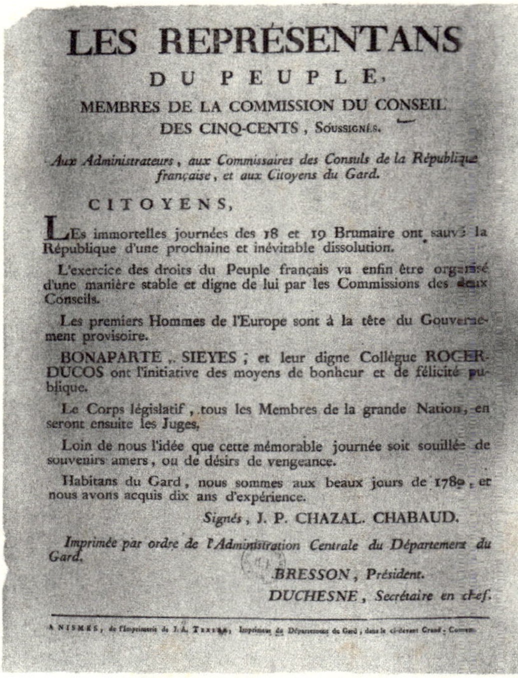

LES REPRÉSENTANS
DU PEUPLE,
MEMBRES DE LA COMMISSION DU CONSEIL
DES CINQ-CENTS, Soussignés.

Aux Administrateurs, aux Commissaires des Consuls de la République française, et aux Citoyens du Gard.

CITOYENS,

LEs immortelles journées des 18 et 19 Brumaire ont sauvé la République d'une prochaine et inévitable dissolution.

L'exercice des droits du Peuple français va enfin être organisé d'une manière stable et digne de lui par les Commissions des deux Conseils.

Les premiers Hommes de l'Europe sont à la tête du Gouvernement provisoire.

BONAPARTE, SIEYES ; et leur digne Collègue ROGER-DUCOS ont l'initiative des moyens de bonheur et de félicité publique.

Le Corps législatif, tous les Membres de la grande Nation, en seront ensuite les Juges.

Loin de nous l'idée que cette mémorable journée soit souillée de souvenirs amers, ou de désirs de vengeance.

Habitans du Gard, nous sommes aux beaux jours de 1789, et nous avons acquis dix ans d'expérience.

Signés, J. P. CHAZAL. CHABAUD.

Imprimée par ordre de l'Administration Centrale du Département du Gard.

BRESSON, *Président.*
DUCHESNE, *Secrétaire en chef.*

A NISMES, de l'Imprimerie de J. A. Texier, Imprimeur du Département du Gard, dans le ci-devant Grand-Couvent.

Proclamação de Bonaparte, Sieyès e Roger Ducos como Cônsules.

cano, era feriado público; o ar estava ameno e chuvoso. Nas paredes, editais anunciavam a mudança de regime. Nos subúrbios operários não houve levantes em defesa dos jacobinos. A cidade se deleitava com a sensação de distensão, de contentamento universal. À noite, nos teatros, qualquer alusão real ou imaginária à grande aventura provocava uma torrente de aplausos. Nas ruas, cortejos e grupos com tochas escoltavam os pregoeiros públicos que proclamavam o Consulado. Trombetas soavam; rufavam os tambores. Os transeuntes se abraçavam gritando: "Abaixo os tiranos! Viva a paz!" Todos pensavam que aquele general invencível, que retornara do Oriente misterioso, triunfaria na Europa sem um único combate. Os confeiteiros de Paris vendiam Bonapartes de açúcar com a inscrição: "A França deve-lhe a vitória; ela lhe deverá a paz."

As massas aprovavam. No fundo, só queriam a manutenção das conquistas da Revolução, quais fossem, internamente, a abolição dos direitos feudais e a propriedade dos bens nacionais; e, no exterior, as fronteiras naturais da França e a paz. Os regicidas abastados queriam ter uma garantia de impunidade, ao passo que muitos *émigrés* ansiavam por voltar. Atender a todos esses desejos não era fácil. Era preciso tratar bem os novos adquirentes, os antigos proprietários, os jacobinos e até mesmo prestigiar o Institut, que exercia uma grande influência moral. Em 21 Brumário, o general foi empossado na Academia de Ciências, em meio a seus confrades. No palácio de Luxemburgo usava trajes civis, inclusive uma costumeira sobrecasaca verde de corte folgado. Ali, recebia seus futuros colaboradores.

Ele queria Talleyrand nos Negócios Estrangeiros, Fouché na Polícia; e Cabanis, homem do Institut e filósofo à moda do século XVIII, no Ministério do Interior. O general seduzia-os todos pela inteligência, por uma familiaridade levemente superior, por sua avidez de aprender. Como ele dirigia a conversa principalmente perguntando, as lacunas em sua cultura não se percebiam. "O que ninguém retratou ainda," escreveu Molé, "é o Bonaparte perito em tudo antes de saber algo; aprendendo todas as coisas ao mesmo tempo em que governava todas as coisas... Esse primeiro voo do gênio rumo ao desconhecido e ao novo, quem o descreveu?"

O que tentava fazer? Navegar o mais perto possível dos ventos e de olho nas correntezas. Dizia: "A Revolução deve aprender a nada prever." Avançar "dia por dia." Era o segredo do seu sucesso. A França estava enferma; depois de cinco anos febris, caíra prostrada. Era preciso tratar seus ferimentos e ir governando sem premeditação. Neste fim de Brumário de 1799, Bonaparte ainda não parecia o principal homem do estado. Sieyès, grande pontífice da Revolução, trabalhava a sós numa Constituição que devia ser sua obra-prima. Sua ambição secreta era abolir as assembleias, cujas deficiências havia observado. Sem ousar fazê-lo abertamente, substituiu a eleição por listas de notáveis aprovadas pelo povo, a partir das quais seriam escolhidos os membros dos conselhos. No topo da pirâmide um Grande Eleitor, inamovível, com residência no palácio de Versalhes, escolheria dois cônsules e seria o único representante do poder nacional.

"O poder devia vir de cima, a confiança de baixo." Um Corpo legislativo votava as leis; um Tribunat as debatia; um Senado conservador agia como corte suprema para manter a Constituição. A assembleia que discutia não era a que votava. Bastaria então eliminar o Tribunat para eliminar toda discussão. Jamais uma constituição fora tão antidemocrática. Sieyès ofereceu o cargo de grande eleitor a Bonaparte, que recusou. Preferia nada ser a ser "um porco na engorda ou um rei desocupado."

Sieyès então cria um Primeiro Cônsul chefe do poder executivo, o qual seria naturalmente Bonaparte. Sieyès e Ducos ficam fora da vista. Bonaparte, cuja ideia principal era fazer a "fusão" dos franceses, escolhe para assessorá-lo Cambacérès, antigo presidente do Comitê

Bonaparte, Cambacérès e Lebrun (1799).

de Salvação Pública, e Lebrun, homem do *Ancien Régime*, ambos moderados. Rótulos diferentes, conteúdos iguais: o segredo da unidade.

Essa república consular em que um só homem, eleito por dez anos, governa, nomeia e destitui funcionários, magistrados, oficiais é, de fato, "uma monarquia pessoal." Na única diferença, o princípio e o eleito são aprovados pelo povo. Em fevereiro de 1800 realiza-se um referendo. Em 3 milhões de votantes houve apenas 1.500 *nons*. Bem verdade que foi voto aberto. Mas tivesse sido secreto, o resultado seria aproximadamente o mesmo. Os franceses aceitavam alegremente entregar seu destino a um homem que admiravam. Ansiavam pela paz interna. Quanto à antiga elite revolucionária, ainda acreditava estar manobrando as alavancas do comando. A França mudou de aristocracia, eis tudo, pensavam os ricos. Para as massas, a Constituição se resumia em uma palavra: Bonaparte.

E ele? Ora bem, ele desfrutava do poder tal como quem sente ter nascido para exercê-lo. Havia já provado um pouco dessa embriaguez na Itália, no Egito. Mas a França era sua verdadeira amante, aquela a que se dava sinceramente, de todo o coração. Tudo tinha de ser reconstruído. Os cônsules, ao assumirem as funções, haviam declarado: "Cidadãos, a Revolução acha-se acertada firmemente pelos princípios que a iniciaram; ela terminou." Era preciso ainda pacificar a Vendeia, reconciliar os partidos, permitir a volta dos *émigrés*, em suma, "exorcizar o medo." Para perdoar, esquecer o passado, Bonaparte apenas exigia fidelidade ao governo nacional. Não lhe interessa o que os cidadãos fizeram ontem. Disse-lhes: "Vós quereis ser bons franceses junto comigo hoje, amanhã? Se me respondeis sim, mostro-vos o caminho da honra."

O problema mais urgente era restaurar as finanças, porque na noite do 19 Brumário o Diretório não tinha um só franco em caixa. Aqui é quando Bonaparte revela seus extraordinários dons de organização administrativa. Para o Conselho de Estado, que será seu grande instrumento de trabalho, convoca, sem distinção de partido, homens eminentes. Prefere os espíritos práticos e os grandes trabalhadores aos ideólogos. "Para mim, os doutos e os intelectuais são como *coquettes*: são bons para ver e conversar; mas sem tomar a estas por esposas nem àqueles por ministros." Mui sensatamente, consulta especialistas em finanças, a conselho deles cria o Banco da França e estabiliza a moeda. Só isso já lhe renderia o reconhecimento dos franceses, povo frugal mas com os pés-de-meia bem fornidos. Quanto à imprensa, ele a vigia de perto; os jornais não devem "servir de instrumento na mão dos inimigos da República." Permite apenas o funcionamento de treze, que serão imediatamente fechados caso publiquem "artigos contrários ao acatamento do pacto social, à soberania do povo e à glória das nossas forças armadas." O *Moniteur* oficial se encarregará de formar a opinião à sua maneira.

Esse nascente despotismo foi logo reforçado pela centralização total da administração. *Préfets* (título tomado, tal como o de cônsul, da história romana), *vice-préfets*, *maires*, todos escolhidos pelo governo. Paris foi submetida a um regime de exceção e governada por um chefe de polícia, *préfet de police*. Não foi senão bem mais tarde que ficaram visíveis os perigos de um poder tão forte e sem controle. Em 1800, a moderação do tirano temperava o efeito da tirania. Tudo com Bonaparte era calculado. Seu primeiro ato como Cônsul foi o de se instalar nas Tulherias, e teve como objetivo sublinhar a continuidade do poder e indicar aos monarquistas que ele não tinha a intenção de ser um guarda temporário do poder em benefício dos Bourbons. Tem prazer em ocupar a residência dos reis, mas não perde o senso de humor. "Vamos, créolinha," diz a Josefina, "vem dormir na cama dos teus senhores." Para Bourrienne, seu secretário: "Bourrienne, não basta estar nas Tulherias, é preciso permanecer." À mãe, que o repreende por trabalhar muito, responde com uma expressão corsa: "Por acaso sou filho da galinha branca?" E a Roederer, conselheiro de estado que, ao vê-lo pela primeira vez nas Tulherias entre velhas

Bonaparte, Primeiro Cônsul, passa uma revista na esplanada das Tulherias.

e sombrias tapeçarias, diz: "Isto por aqui é triste, general" – ele responde: "Sim, como a grandeza." Resposta de filósofo – e de poeta.

Sabe melhor do que ninguém o quanto sua aventura tem de miraculosa, e que permanece à mercê de um acidente. Para manter-se, precisa agradar os franceses. "Minha política é governar os homens do modo como o maior número quer ser governado. É a maneira, acredito, de reconhecer a soberania do povo." Estava tão pronto a se tornar católico na Vendeia quanto muçulmano no Egito. Como agradar os franceses? Em sua visão, eles preferem a glória à liberdade. É preciso apenas conservar o nome *República* e respeitar os sinais externos da Revolução. Adota o título de "Cidadão Cônsul." Coloca nas Tulherias estátuas de Brutus, de George Washington, ao lado das de Alexandre e de César. Talleyrand o ajuda a reunir alguns dos grandes nomes do *Ancien Régime*. "Para saber servir," diz, "não há gente melhor que eles." Ao mesmo tempo continua a encontrar-se com seus colegas do Institut, na época muito "à esquerda" e quase ideólogos. "Não pertenço a nenhuma panelinha; sou da grande panela dos franceses. Chega de facções. Não as quero, não vou tolerá-las." Após dez anos de denúncias, de lutas, de incertezas e angústias, essa era a única política que então poderia ter êxito.

No entanto, o que o país esperava do Primeiro Cônsul era acima de tudo paz no exterior. Ele a promete: "Enquanto eu viver, a França

William Pitt.

terá paz. Dois anos depois da minha morte ela estará em guerra com o mundo inteiro." Mas foi em vão que ele escreveu cartas pacificadoras ao rei da Inglaterra e ao imperador germânico: não produziram o efeito desejado. Esses soberanos não responderam ao "usurpador." A Áustria recusava-se a ceder a Itália; Pitt não aceitou as anexações da França. Bonaparte teve de resignar-se a uma "última guerra." O fez muito a contragosto. Uma só derrota seria suficiente para derrubar um regime novo como o seu; uma só vitória obtida por um Moreau ou um Desaix poderia despertar um rival. Portanto, também por bons motivos de política interna ele desejava sinceramente a paz. Mas se lha recusassem, ele deveria impô-la.

Na primavera de 1800 a Áustria retomou as hostilidades. Masséna foi cercado em Gênova. Bonaparte considerou estúpida essa estratégia do inimigo. Mesmo que os austríacos tomassem Gênova, aonde isso os levaria? Ao Midi da França? Esse não é o coração do país. Ele reuniu um exército nos arredores de Dijon. Segundo a Constituição, ele não tinha o direito de comandá-lo pessoalmente. Contorna a dificuldade dando a Berthier o comando nominal. Confiando o governo a Cambacérès, atravessou o passo

A travessia do exército de reserva pelo Grand-Saint-Bernard
rumo a Milão, em 14 de maio de 1800.

do Grand-Saint-Bernard. Belo material de propaganda. "Arrostamos o gelo, a neve, tormentas e avalanches... Caímos sobre eles como um raio." Depois, em vez de dirigir-se a Gênova, marchou para Milão. Ali, cometeu o equívoco de dividir o exército em três corpos. Suas linhas foram rompidas pelo veterano austríaco Mélas, que chegou bem perto de derrotá-lo em Marengo. Ao meio-dia, a batalha estava perdida; a chegada de Desaix a salva; a morte de Desaix deixa a honra dessa vitória para o Primeiro Cônsul. Ele realmente nascera com boa estrela. Com a retirada de Mélas, a Lombardia cai em suas mãos. Fiel à sua política de fusão, assiste a um *Te Deum* na catedral de Milão.

Em Paris, durante sua ausência, as intrigas se multiplicaram. Brumarianos descontentes instigavam Sieyès. Barras conspirava com os monarquistas. Alguns achavam que, se Bonaparte fosse morto na Itália, teriam de chamar Carnot ou Bernadotte para substituí-lo. As notícias de Marengo afugentaram esses corvos de mau agouro. Eles voaram prudentemente na direção de Josefina, batizada de "Notre-Dame des Victoires." O terço consolidado subiu de vinte e nove para trinta e sete. O retorno a Paris foi triunfal. "O bom Deus preservou-o para nós,"

A Batalha de Marengo (14 de junho de 1800).

exclamavam as mulheres dos faubourgs. Uma vitória de Moreau em Hohenlinden, mesmo crucial, não provocou a mesma repercussão. A Fortuna tem seus favoritos. Hyde de Neuville diz que Marengo foi "o batismo do poder pessoal de Bonaparte." Mas o vitorioso experimentava um sentimento de desencanto. Algumas semanas de ausência e de incertezas tinham sido suficientes para que ele fosse traído por seus ministros, pelos cônsules e até mesmo por seus irmãos. Seu desprezo pela natureza humana, que já era notável, tornou-se ainda mais profundo. "Estou de coração velho," dizia. Tinha trinta e um anos.

No entanto essa fase inicial do Consulado foi, assim como os primeiros anos de Henrique IV, uma das idades de ouro da França. Tudo renasceu, a união e a prosperidade. Bonaparte tornou-se aos olhos de todos o homem providencial. Naturalmente, ele cuidou para que a reconciliação nacional lhe fosse proveitosa. Quem mais teria podido dizer aos regicidas: "Os senhores manterão suas cabeças e seus cargos, mas esquecerão os ódios; permitirão aos católicos praticarem a religião em paz;" e para os antigos exilados: "Os senhores regressarão; a relação de *émigrés* será rasgada; terão de volta seus sacerdotes, mas renunciarão à vingança." Manter os princípios da Revolução e ao mesmo tempo reatar com o passado era tarefa sobre-humana. Às alturas de um super-homem. E ele era mesmo um super-homem, fora e acima das paixões, das quais não partilhava.

O marechal Jean-Baptiste Bernadotte, depois rei da Suécia.

Bonaparte Primeiro Cônsul.

O triunfo de Napoleão Bonaparte.

O *Te Deum* de Milão atendera a um ato político deliberado: tomar dos Bourbons a clientela católica. Além do mais, ele tinha gosto pelas cerimônias católicas e se recordava com emoção dos sinos da igreja de sua infância. Um religioso? Não. Ele era deísta à maneira de Voltaire. "Como criar costumes sociais? Não há senão uma maneira, que é a de restabelecer a religião... Como ter ordem num estado sem religião? A sociedade não pode existir sem a desigualdade de riquezas, e a desigualdade de riquezas não pode existir sem a religião... Haverá pobres e ricos no mundo, mas depois, por toda a eternidade, a partilha será de outra forma." Religião política. Ele tem o desígnio distante de assinar uma Concordata com o Papa e restabelecer a Igreja na França. Mas deve deixar amadurecer essa ideia; ela desagrada aos antigos revolucionários que o rodeiam, e desagrada principalmente ao exército. Nesse terreno também é preciso ir passo a passo.

Louis XVIII, encorajado com tanta moderação, esperava que Bonaparte preparasse o retorno da monarquia. Pura ilusão. Em resposta a uma mensagem conciliatória do pretendente, o Cônsul escreveu: "Não deveis pensar em retornar à França; teríeis de caminhar sobre cem mil cadáveres." Os monarquistas, decepcionados, decidiram assassiná-lo. A *chouannerie* acostumara-os ao terrorismo. As armas usadas variavam de pistolas a "máquinas infernais," barris de explosivos em carroças. Bonaparte, obcecado pelo desejo de fusão – que Josefina, ávida por duquesas, encorajava – não quis de início acreditar na escuridão dos monarquistas. Culpou os antigos robespierristas, deportando 150 deles. Fouché descobriu os verdadeiros culpados: os *chouans*, guerrilheiros monarquistas bretões, mas os republicanos deportados nunca mais voltaram. "Napoleão," disse Stendhal, "temia os jacobinos, as únicas criaturas que realmente odiou."

Em seu círculo muitos se inquietavam com esses repetidos atentados. "A causa é evidente," diziam. "O estado encarna-se num só homem. Os adversários do regime pensam que basta destruir o chefe para derrubar o regime. É preciso designar-se um sucessor." Bonaparte não gostava da ideia. "A questão restringe-se à minha morte, apenas." E qual sucessor? Ele não tinha filhos, e Josefina não lh'os daria. Seus irmãos? José era tortuoso, Luciano violento, Louis fraco; e, aliás, por que Bonapartes? Poderiam eles valer-se de mencionar "o rei meu pai?" Era ridículo. Adotar Eugène de Beauharnais a quem amava como filho? Designar como herdeiro seu irmão Louis, que ele uniu em casamento (contra a vontade de ambos) com Hortense de Beauharnais? Essa solução, que agradava Josefina, não teria nenhum valor para a nação. Preferiu confiar em sua estrela e na inépcia dos assassinos.

A máquina infernal da rua Saint-Nicaise

O verdadeiro perigo para ele seria uma derrota, ou uma conspiração de generais. Um militar que triunfa tem mais a temer de seus iguais que de um chefe civil. Todo general vencedor se perguntaria: "Por que não eu?" Assim sendo, o Primeiro Cônsul sempre age de forma a dar a seus generais a impressão de que podia acabar com eles a qualquer momento. Tratava-os bruscamente, até mesmo com grosseria. O general Dumas, que incorreu em seu desagrado, morreu de amargura. Em contrapartida, Bonaparte assegura a devoção da tropa. Visita os bivaques, belisca a orelha dos bravos, usa um redingote cinza muito simples e um pequeno chapéu preto. A afeição dos soldados o protegerá por muito tempo contra as traições dos chefes.

Mas acima de tudo, para firmar seu poder, é-lhe necessária a paz. Ele mediu, em Marengo, os perigos do campo de batalha... Em 1801, assina em Lunéville com a Áustria um tratado de paz cujos termos são altamente favoráveis à França, a qual mantém a Bélgica, mantém a margem esquerda do Reno e, além disso, se resguarda por uma barreira de repúblicas amigas: batava, helvética, cisalpina e liguriana. Quatro departamentos novos são criados às margens do Reno. Resta fazer com que a Inglaterra aceite esse tratado. Aos representantes belgas o Primeiro Cônsul diz: "Os belgas são franceses, como os normandos, alsacianos, languedoques, borgonheses." Pitt não é dessa opinião e muito menos concorda com a pretensão de Bonaparte

A Louisiana, colônia francesa vendida por Talleyrand aos Estados Unidos por 15 milhões de dólares.

Paulo I, czar da Rússia.

de também conservar o Egito e Malta. Ademais, o Primeiro Cônsul acabara de adquirir da Espanha, na América, a Louisiana, reabrindo para os ingleses o problema das colônias francesas; e ameaçava fechar os portos da Europa ao comércio britânico. A aliança de Bonaparte com o czar Paulo I dá a impressão de garantir o sucesso desses vastos esquemas: "Que me importa," diz o Czar, "que seja rei da França Louis XVIII, Bonaparte ou outro; essencial é que haja um" – e põe em seu palácio um busto do Primeiro Cônsul. Promete inclusive trazer a Dinamarca, a Suécia e a Prússia para uma liga de "potências não alinhadas" em defesa da liberdade dos mares.

Em 23 de março de 1801, um *coup de théâtre*: Paulo I é assassinado. Bonaparte atribui o crime a intrigas inglesas; ele mesmo escapara por questão de segundos, em 24 de dezembro, da explosão de um carrinho na rua Saint-Nicaise. "Os ingleses falharam em Paris, no 3 Nivose," disse ele, "mas não falharam em me atingir em São Petersburgo." Também não falharam no Egito, onde as tropas francesas tiveram de capitular. Contudo, os dois países tinham agora interesses a tratar. Os comerciantes ingleses preocupavam-se com o envio de uma expedição francesa a São Domingos e também com o custo da guerra. Bonaparte, por seu lado, não ignorava que Nelson, em Copenhague, conseguira dissolver a "liga dos neutros" em um só dia. O poder naval era um valioso curinga. Chegou-se a um ajuste no Tratado de Amiens (1802). Devolvia-se o Egito à Turquia, e Malta aos cavaleiros da Ordem. A França conservava suas conquistas europeias. Mas os dois governos

O atentado da Rua Saint-Nicaise.

tinham suas segundas intenções. Os ingleses prometiam desocupar Malta sem a menor intenção de fazê-lo; o Parlamento, em Londres, aprovava o tratado contando com "a vigilância de S.M. para tomar as medidas necessárias caso os assuntos públicos seguissem um rumo mais favorável." Bonaparte, por seu lado, sabia que a Inglaterra não se resignava, e que ele teria de defender a Bélgica e o Reno até a morte.

Entrementes, ia saboreando seu triunfo. Nem Richelieu, nem Louis XIV haviam feito a França tão grande, nem, aparentemente, tão bem protegida. O povo francês acreditava que acabara o tempo das guerras, que se abria uma era de paz eterna, de liberdade comercial, e que Bonaparte era um semideus. Agora, o Primeiro Cônsul sentiu-se forte o suficiente para impor na França a paz religiosa. Em 8 de abril de 1802, foi ratificada a Concordata (assinada desde janeiro de 1801); e em 18 de abril, dia da Páscoa, um *Te Deum* solene foi cantado na catedral de Notre-Dame de Paris para festejar ao mesmo tempo a paz restaurada e a religião restabelecida. Diante da catedral, com os sinos repicando à plena força, o arcebispo e trinta bispos receberam o Primeiro Cônsul. Trajando um fraque vermelho que ressaltava a palidez "sulfurosa" de seu belo rosto, chegou numa carruagem com lacaios de libré. À

A Paz de Amiens
caricatura de Gillray que
muito divertiu Bonaparte.

Verso e reverso da medalha comemorativa da Paz de Amiens
com o retrato de Bonaparte, Primeiro Cônsul.

Por ocasião das festas de Páscoa, em 18 de abril de 1802, o clero da França prestou juramento na igreja de Notre-Dame ao Primeiro Cônsul e a seus colegas na presença de um representante do Papa (a Concordata fora ratificada em 8 de abril de 1802).

volta dele muitos dos seus oficiais reprovavam "essa *capucinade*." O general Delmas, quando perguntado à noite sobre suas impressões, respondeu: "Faltaram os cem mil homens que morreram para acabar com tudo aquilo." Mas nas ruas o povo cantava: "Festejaremos o domingo: aleluia!"

O Senado havia, depois de Marengo, prolongado por dez anos o mandato do Primeiro Cônsul. Mas ele sonhava, apesar do que dizia, com a coroa. Como César outrora, não gostava que lhe falassem no assunto. La Fayette o apoquentava quando aludia à possibilidade de vê-lo consagrado pelo Papa, com o óleo da Santa Ampola. "Você não admite," disse La Fayette após o *Te Deum*, "que tudo isso tem outro objetivo além de se quebrar o vidrinho?" "Ora, você está pouco ligando para o vidrinho," responde Bonaparte, "e eu também; mas acredite ser importante para nós, dentro e fora do país, que se declare o Papa e toda aquela gente contra a legitimidade dos Bourbons." Portanto, ele estava tentado. Os murmúrios do exército republicano fizeram-no refletir. Decidiu obter não a hereditariedade, mas o consulado

Pelo plebiscito de 29 de julho de 1802, Bonaparte foi eleito cônsul vitalício. Verificação dos sufrágios. Lista dos votos da prefeitura do Sena, comuna de Paris.

vitalício. Foi-lhe concedido por uma esmagadora maioria de três milhões e meio de *ouis* contra oito mil *nons*.

Mais seguro de si após esse plebiscito, mudou a Constituição, persuadiu "um senado servil" (Stendhal) a dar-lhe o direito de escolher o sucessor, aumentando suas prerrogativas em detrimento das assembleias. Intimidadas por seus granadeiros, mesmerizadas por seu gênio, curvaram-se ao inevitável. Jamais a França fora governada por um homem dotado de tal imaginação criativa. "Com meus *préfets*, meus gendarmes e meus padres, farei tudo que quiser," dizia ele. Era praticamente verdade. Nas finanças contava com os serviços de especialistas: Gaudin, Mollien, que completavam seu preparo sobre o assunto, espantando-se com sua rapidez em assimilá-lo. Criou o corpo de funcionários de finanças tal como existe ainda atualmente; fez do Banco da França uma combinação feliz de banco do estado e banco privado; reorganizou o sistema judiciário e supervisionou a redação do Código Civil. Durante a discussão dos artigos, ele maravilhou uma comissão composta de juristas eminentes, pela força de

Bonaparte em 1802, por Phillips. Retrato feito a pedido de Lord Erskine. Gabinete do prefeito, Prefeitura de Bayonne.

seu bom-senso e sua visão. Esse Código Napoleão, que muitos países iriam adotar, carrega ainda a marca de seu espírito claro e geométrico. Ao mesmo tempo ele assentava as fundações da Universidade. Em todas as escolas da França, o rufar de tambores anunciava o retorno às salas de aula. A prática seria ainda observada em 1900, nas escolas da Terceira República.

Em 1802 ele criou a ordem nacional da Légion d'Honneur, obtendo assim um instrumento semelhante ao que tinham sido, para os reis da França, as ordens de cavalaria. Finalidade: formar uma nova aristocracia de mérito, continuamente renovada, baseada em serviços prestados, em ações relevantes. Dessa vez, acalorou-se a oposição nas assembleias. "Bagatelas," diziam os legisladores. Mas bagatelas são úteis para influenciar os homens. Bonaparte considerava importante ocupar os cidadãos com pequenas ambições para afastá-los de grandes revoltas. Nas Tulherias e em Malmaison, a espada e as meias de seda substituíram as botas e o sabre. Josefina tinha suas damas de honra de nobreza absolutamente autêntica. Bonaparte também recebia outras grandezas. Ele era o presidente da repú-

O Primeiro Cônsul assiste a uma grande parada na esplanada das Tulherias, em 19 de fevereiro de 1802. Gravura de Prieur *sobre* Desrais.

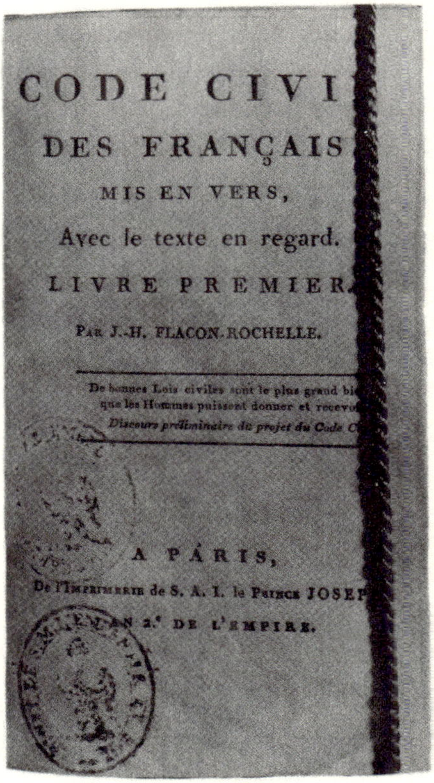

CODE CIVI

DES FRANÇAIS

MIS EN VERS,

Avec le texte en regard.

LIVRE PREMIER.

PAR J.-H. FLACON-ROCHELLE.

De bonnes Lois civiles sont le plus grand bi
que les Hommes puissent donner et recevo
Discours préliminaire du projet du Code C

A PARIS,

De l'Imprimerie de S. A. I. le Prince JOSEP
AN 2.e DE L'EMPIRE.

Página de rosto do Código Civil em versos comparado com o texto. Exemplar do imperador Napoleão.

Verso e reverso da
medalha da Légion d'Honneur
fundida em 1804.

blica Cisalpina, protetor da Suíça, da Confederação germânica. Na França a "*douceur de vivre*" renasceu. A sociedade do Consulado parecia bem estabelecida; tinha vitalidade. O *Génie du Christianisme* provocou um renascimento sentimental. Comia-se melhor, amava-se mais. Relatórios dos *préfets* das províncias estimavam o número dos descontentes em um por cento. A fórmula do Primeiro Cônsul – "Nem talão vermelho, nem barrete vermelho" – parecia refletir os anseios dos franceses.

Porém, mesmo os maiores homens de ação conhecem fracassos. Os fatos têm lá suas malícias dissimuladas. A expedição enviada a São Domingo sob as ordens do general Leclerc, marido de Pauline Bonaparte, com o objetivo ulterior de colonização da Louisiana, perece em grande parte de febre amarela. Leclerc, uma das vítimas, foi substituído por Rochambeau, que teve de capitular. Talleyrand então vende a Louisiana aos Estados Unidos por quinze milhões de dólares. Era o gesto final de renúncia a um império americano. Na verdade, prenunciava-se uma nova guerra contra a Inglaterra, e seria impossível defender essa remota colônia contra a esquadra britânica. Os ingleses haviam assinado o tratado de Amiens; seus comerciantes exigiam a paz; os aristocratas ingleses estavam mais do que felizes por voltar a Paris e encontrar nos Champs-Élysées deusas nuas sob

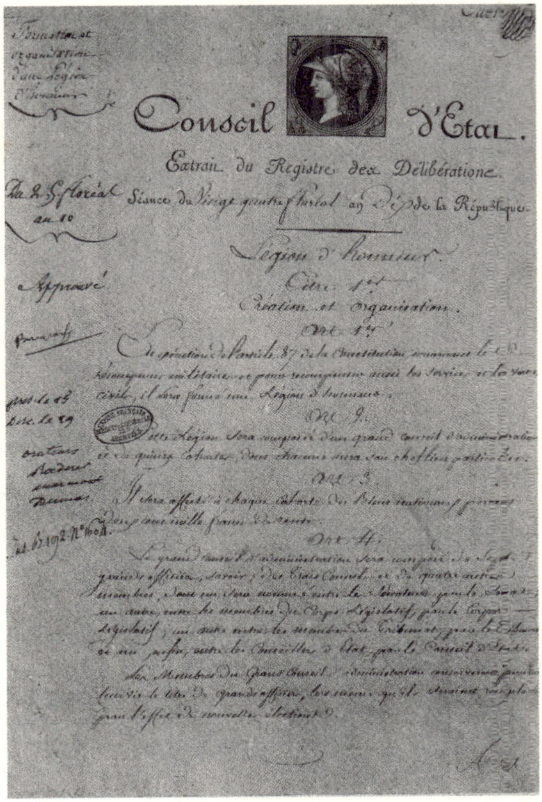

Conseil d'État.

Extrait du Registre des Délibérations

Légion d'honneur.

Titre 1er

Création et Organisation.

Art. 1er

Art. 2.

Art. 3.

Art. 4.

Criação e organização
da Légion d'Honneur em 1802.

Napoleão, em visita ao Salão do Louvre, distribui a Légion d'Honneur aos artistas.

Bonaparte em visita à concentração de Boulogne,
criada com vistas a um desembarque na Inglaterra.

véus esvoaçantes e não cadafalsos sangrentos. Mas os dois governos acusavam-se mutuamente de má-fé.

Bonaparte acusava os ingleses de tramarem seu assassinato e de não desocuparem Malta. Os ingleses acusavam Bonaparte de anexar o cantão suíço de Valais a fim de garantir acesso ao Passo de Simplon, de remanejar a Alemanha em benefício próprio e de enviar ao Oriente uma missão "comercial" altamente suspeita. Se Bonaparte não renunciava às Índias, como a Inglaterra renunciaria a Malta? Mas o Primeiro Cônsul não podia permitir sem perder prestígio que os ingleses lá permanecessem. Ameaça ir destruir a Inglaterra na própria ilha. "Os ingleses querem guerra," disse, "mas se forem os primeiros a puxar a espada eu serei o último a pô-la de volta à bainha." A partir desse momento, começa a preparar a invasão da Inglaterra. Reuniu em Boulogne-sur-Mer um grande exército e começou a construir uma frota de barcaças. Pois não era ele o senhor do impossível? Os ilhéus permaneciam fleumáticos. As *nurses* ameaçavam as crianças inglesas com "Mr. Boneypartee." Os caricaturistas mostravam a cabeça do tirano num forcado: "Ah, meu Boneyzinho, que achas de John Bull agora?" (Maximilien Vox) A esquadra inglesa agia em todos os mares, apoderava-se dos navios, das cargas. "Não digo," resmungava o Primeiro Lord do Almirantado, "que os franceses não possam vir; apenas digo que não poderão vir por água."

Caricatura de Gillray sobre o projeto de Bonaparte de desembarcar na Inglaterra. Publicada em 2 de agosto de 1803.

Outra caricatura de Gillray sobre o mesmo projeto de invasão (junho de 1803)

Execução do duque d'Enghien.

Era uma *drôle de guerre*, uma guerra de mentira, sem operações, mas não alheia a crimes. Os ingleses não precisavam procurar muito longe por assassinos. *Chouans* da Vendeia, republicanos, militares, todos os inimigos de Bonaparte ofereciam seus serviços. O mais corajoso dos monarquistas, Georges Cadoudal, e um general, Pichegru, foram desembarcados na França por um navio inglês. O próprio Moreau, vencedor de Hohenlinden, conspirava. "O ar estava cheio de punhais." Talleyrand e Fouché diziam a Bonaparte que Cadoudal só esperava, para agir, a chegada na França de um príncipe da casa de Bourbon, pois não queria pôr um Moreau no poder. Qual príncipe? Havia um perto da fronteira, no grão-ducado de Baden: o duque d'Enghien, um Condé, ramo dos Bourbons, corajoso, jovem e encantador. E aqui chegamos ao episódio menos honroso da vida de Bonaparte. Ele resolve anteceder-se ao atentado, prender e fuzilar o duque d'Enghien.

A sepultura fora escavada em Vincennes antes mesmo da aparência de um julgamento. Esse crime político escandalizou muitos franceses. Chateaubriand, na época diplomata, se demite. O Primeiro Cônsul justificou-se invocando a sempiterna *raison d'état*. Esperava com essa ação dois resultados: amedrontar os monarquistas que queriam assassiná-lo; convencer os regicidas que, tendo Bonaparte, por esse crime, se tornado um daqueles da Convenção, o Império não se colocaria contra eles. Poucos dias depois de receber essa garantia

Chateaubriand em 1791,
com a idade de vinte e três anos.

George Cadoudal.

Dois de dezembro de 1804. O cortejo imperial passa em frente ao Palácio do Tribunat a caminho de Notre-Dame, onde haveria a cerimônia de sagração.

Fogos de artifícios soltos em frente à Place de Grève e representando a passagem pelo Grand Saint-Bernard.

tinta de sangue, o Senado ofereceu-lhe a coroa imperial. Pichegru suicidou-se na prisão; Cadoudal foi executado. "Vim para fazer um rei," disse, "e fiz um imperador." Como dizia um embaixador sobre Bonaparte: "Esse felizardo sabe tirar partido de tudo."

Uma monarquia real teria chocado os franceses; um Império, para os cidadãos impregnados de história romana, parecia a continuação natural do Consulado. Avanço normal. O que surpreendeu o povo foi Napoleão insistir em ter sua sagração na catedral de Notre-Dame pelo Papa. No Conselho de Estado havia-se discutido a cerimônia. Alguns recomendavam o Champ-de-Mars, mas "isso significava pôr-se na dependência do tempo." Se chovesse, a cerimônia ficaria ridícula. E de resto, "o alarido do populacho... O povo de Paris tivera espetáculos muito melhores na *Opéra*." Quanto ao Papa, era suficiente imaginar "o desprazer que causaria em nossos inimigos." Bonaparte sabia da fragilidade de um regime sem tradições e "lançou âncoras de emergência" a fim de assegurar sua estabilidade. Pio VII, ao chegar, recebeu uma notícia chocante; Josefina, que devia ser coroada imperatriz, fê-lo saber, com a adequada diplomacia, que não era casada pelo ritual religioso. Consegue assim que um casamento furtivo seja abençoado no Louvre, ainda na noite anterior à sagração.

Festa da sagração e da coroação.

No dia 2 de dezembro de 1804, Napoleão I se torna imperador dos franceses. Toda a família estava em Notre-Dame. José, prudentemente, acomodou-se entre os conselheiros de estado. Temia um atentado e quis pôr a salvo o eventual sucessor. Napoleão lhe diz: "Ah! Se nosso pai nos visse!" Ele mantinha o senso de humor constatando o caminho percorrido em dez anos por aquela obscura família corsa.

Por mil anos o papa mantivera o direito de pôr a coroa na cabeça dos imperadores. Napoleão cortou esse nó górdio, pegando a coroa no altar com um gesto cheio de dignidade. Depois da cerimônia, o Papa protestou e exigiu que o gesto não fosse mencionado no *Moniteur*. Essa satisfação pelo menos lhe foi concedida, mas o Imperador tivera sua supremacia proclamada. Em Notre-Dame, havia jurado sobre a Bíblia manter a liberdade, a igualdade, a propriedade dos adquirentes de bens nacionais e a integridade territorial da República. Esse juramento proibia-o de ceder a Bélgica e as províncias do Reno. A partir daí, o futuro estava escrito, em letras de fogo, nas paredes da catedral.

"Lançar âncora-mestra de popa ao fundo do mar..." Esse mar era o passado do povo francês. Procurou sondar-lhe as profundezas. Era a razão de ter uma corte, um cerimonial, uma nobreza. A partir de 1804, criou marechais do Império, mais tarde, uma nobreza do Império. Fez príncipes: Berthier, príncipe de Neuchâtel, e Talleyrand, príncipe de Bénévent; e duques: Fouché, duque de Otranto; Davout, duque de Auerstaedt, príncipe de Eckmühl; Lannes, duque de Montebello; Lebrun, duque de Plaisance etc. Em oito anos terá ungido quatro príncipes, 30 duques, 388 condes e 1.090 barões. Josefina e as princesas irmãs do Imperador tinham damas de honra e damas de toilette. Ségur ensinava aos homens as maneiras da antiga corte; Mme. Campan, às mulheres. A Revolução coroada reatava o melhor que podia os fios da tradição.

É preciso admirar o prodigioso sucesso dessa improvisação. A nobreza do Império sobreviveu ao Imperador; a Légion d'Honneur mantém ainda hoje seu prestígio. Napoleão patrocinou um estilo *Empire*, que ostenta a marca de sua personalidade de forma tão inconfundível como o estilo Louis XIV ostenta a do Grande Rei. Mas ele merece louvor maior por não ter tomado por demais seriamente esse mundo de conto de fadas. Nunca perdeu totalmente algo "do segundo-tenente corso, do jacobino e do Machiavel." Saía-se com frases revolucionárias: "Um trono não é senão uma prancha de madeira forrada de veludo." E se ele insistia para que seus marechais viessem à corte trajando fraque e culotes curtos era por recear o

A imperatriz Josefina, por Prud'hon.

Napoleão e Mme. Hatzfeld.

efeito que um exército muito abrutalhado e sem lhaneza causasse na política interna. No entanto, em última análise, ele só acreditava na força. "Não se governa a não ser com bota e esporas." Somente ele, em seus palácios, usava uniforme. Os culotes pelos joelhos e as meias de seda civilizam. O hábito faz o cortesão.

As mulheres, perdição de tantos monarcas, tinham pouca influência sobre ele. Teve amantes, e muito belas, como Mlle. Georges – pois bastava um aceno seu para atraí-las a sua alcova. Mas enquanto elas se despem, ele lê documentos. Depois de tê-las (e às vezes até mesmo antes) ele as dispensa. Seu verdadeiro prazer é o trabalho. Dedica-se a ele vinte horas por dia, sem nunca mostrar cansaço.

Seus momentos mais felizes eram aqueles passados à longa mesa em semicírculo do Conselho de Estado. Rodeado pelos altos funcionários, sabia usá-los e encantá-los. Ele "espremia o limão" e tirava de cada um o que queria saber. Tinha a mente alerta e de ampla abrangência, notável lucidez, nenhuma ilusão acerca dos homens, mas duas fraquezas: "Nunca tinha plano," observou Stendhal, e é verdade; Napoleão tinha *planos*, e bastante flexíveis. A segunda fraqueza: uma imaginação muito viva, desmesurada. Quando traçava planos para o futuro a longo prazo, deixava-se arrebatar. Mas era possível deter-se? "Pode-se dar um primeiro impulso às coisas," disse, "depois, elas nos arrastam."

Napoleão em seu gabinete de trabalho, desenho de David.

Móveis estilo Império.
Antiga exposição da Malmaison.

Ele triunfa no imediato, no campo de batalha, no seu gabinete e principalmente no Conselho de Estado. Ali, entre frequentes pitadas de rapé, ele improvisa com gosto. Sabe que fala com facilidade e muito bem; sabe que esses homens eminentes o admiram. Ali o vemos descontraído, sem cerimônia, sem rodeios. Suas observações são objetivas. "A sociedade tem necessidade de uma justiça rigorosa; essa é a humanidade de estado, a outra é a humanidade de ópera..." "Queremos ter bons camponeses; é com eles que se dá força ao exército; e não com frajolas peruqueiros que perambulam nas ruas das cidades..." Ali, vez por outra, ele aceita que o contradigam. Um conselheiro de estado, ao dizer do corpo legislativo: "Os representantes da nação são aqueles que ela escolheu, são seus mandatários," foi interrompido pelo Imperador: "Bah! Essas são ideias de 1789." – "Não, Sire, são ideias eternas." "O que ele tinha de fascinante," diz Stendhal, "era sua franqueza, sua bonomia." Certo dia, quando discutiam uma pendência que mantinha com o Papa: "Isso é fácil para os senhores," disse. "Mas se o Papa vier me dizer: 'O arcanjo Gabriel me apareceu esta noite e me deu ordem de fazer tal e tal coisa,' sou obrigado a acreditar nele."

Em seu gabinete estão os instrumentos de trabalho criados por ele e que lhe dão grande satisfação: a escrivaninha que ele desenhou; os estudos de situação que ele lê "com o mesmo prazer da moça que lê um bom romance;" e seus mapas. Possuía uma incrível habilidade para absorver informação e uma memória prodigiosa. Seus secretários, muito bem preparados, nada mais eram que outras ferramentas; esperava deles que se mantivessem em silêncio, captassem o que quer que ele ditasse e que reconstituíssem a seguir seu pensamento. Pois não gostava de escrever. Primeiro, por ser sua escrita quase ilegível; depois, por sua ortografia permanecer a mesma de quando era o pequeno corso de Brienne. Continuava dizendo *armistice* por *amnistie*, diz renda *voyagère* em vez de *viagère*, *enfanterie* por *infanterie*... Mas seu ditado é impecável, tanto pela forma, clara e direta, quanto pelo conhecimento do assunto. Podia compor de um só fôlego um conjunto de regulamentos de várias páginas para os institutos educacionais da Légion d'Honneur – visto ter antes pensado longamente sobre o assunto. Chega a ditar três cartas ao mesmo tempo. Na verdade, sua mente trabalha dia e noite, constantemente reabastecida pelas respostas às suas intermináveis interrogações. "Quantos homens? Quantas granadas por peça? Quantos sacos de trigo?" – e até mesmo à noite quando está com a Imperatriz e seu círculo: "Quantas crianças?" E retinha tudo na memória.

Retrato do czar Alexandre I.
Gravura de 1810.

Teve a ingenuidade de supor que a coroação em Notre-Dame lhe granjearia a aceitação na confraria dos soberanos legítimos. Quimera. A aristocracia austríaca desejava quebrar o orgulho desse soldado arrivista. A Inglaterra procurava formar alianças (a terceira coalizão, dirá Napoleão, que a registra tendo início em 1792). Pitt não terá dificuldade em convencer o novo czar: Alexandre. O Sacro Império Romano-Germânico está desabando, diz Pitt para Alexandre; o Império eslavo deve agora se opor ao Império corso. Em 1804 a coalizão começava a tomar forma: Inglaterra, Áustria, Rússia, Suécia, Nápoles. O objetivo: relocar a França em suas antigas fronteiras. Nada era dito abertamente para evitar inquietar o povo francês; fala-se apenas das ambições alarmantes do Imperador. Ele, por seu lado, a partir desse momento não tinha senão um objetivo: esmagar a Inglaterra para não ser esmagado por ela.

Alguns historiadores têm dito que o acampamento de Boulogne era um mero embuste. Difícil de acreditar. Napoleão via claramente que John Bull nunca o deixaria solto. O Imperador mandara construir duas mil barcaças e acreditava que a travessia fosse possível. "É uma vala que será transposta tão logo se tenha a audácia de tentar." O êxito dependeria de atrair por três dias, ou mesmo por um dia, a esquadra inglesa para fora do canal da Mancha. Então ele faria atravessar 130 mil homens e a populaça de Londres acolheria os franceses como libertadores. Era conhecer mal os ingleses; era também conhecer mal o mar e seus caprichos. Algumas travessias de Marselha a Ajaccio e uma viagem para o Egito não tinham feito dele um marinheiro. Seus almirantes se mostravam reticentes. O Imperador se irritava. Para Decrès, ministro da Marinha: "Os senhores juntaram muitos *se*, *porque*, *mas*... fiquei sem fala de raiva."

Entrada triunfal de Napoleão e do Grande Exército em Viena, em 13 de novembro de 1805.

Mas as esquadras francesas permaneciam bloqueadas em Toulon e em Brest. Napoleão ordenara a Villeneuve, que comandava uma esquadra franco-espanhola, atrair os ingleses para as Antilhas e depois voltar a toda vela. Mas Villeneuve, não encontrando os outros almirantes franceses no ponto de reunião, refugiou-se no porto de Cadiz. Certamente não queria pôr em risco a única grande armada que a França ainda possuía. "Que marinha!" – rugiu o Imperador, que só aludia ao "infame Villeneuve." Mas a Revolução mal lhe legara poucos navios e marujos medíocres. A fim de desviar a atenção do "portentoso projeto" de invadir a Inglaterra, acorreu à Itália e ali recebeu a coroa de ferro dos reis lombardos. Eugène de Beauharnais foi feito vice-rei, depois de José e Louis Bonaparte terem, ambos, recusado. Reservavam-se para a coroa da França, aquela "do rei pai deles," *du roi leur père*.

Mas a estação avançava, o mês de agosto chegava ao fim, e as tropas austríacas punham-se a caminho. Se Napoleão não agisse logo, a Rússia poderia juntar-se à Áustria. Em 23 de agosto, o Imperador escreveu a Talleyrand: "Vou o mais rápido possível; levanto nossos acampamentos; marcho para Viena." Impressionou Daru ao ditar-lhe seus planos de guerra continental, sem dúvida longamente amadurecidos. Tudo neles estava previsto, até o dia da entrada em Viena. Foi uma campanha curta e brilhante. O que maravilha o Grande Exército

Rendição dos austríacos em Ulm

(pois este é agora seu nome) é que, graças ao gênio de seu general, sai vitorioso sem combater; ganha as batalhas "com as pernas." O general austríaco Mack, que avançara até Ulm, de repente descobre que Napoleão está entre ele e Viena. Capitula, sem disparar um tiro, com cem mil homens. Logo a invencibilidade do Grande Exército será um artigo de fé: "Quando os generais austríacos estavam no centro com as forças de Napoleão em torno, dizia-se que os austríacos estavam cercados; quando Napoleão estava no centro e os austríacos em torno dele, dizia-se que os austríacos estavam sendo atraídos."

Mas sua estrela só brilhava quando ele próprio estava no comando. No dia seguinte a Ulm, ficou sabendo que o "infame Villeneuve," ainda abalado com as censuras recebidas, deixara Cadiz, e que as duas armadas, a francesa e a espanhola, haviam sido aniquiladas em Trafalgar por Nelson, que ali encontrara a morte. O imperador não tomou esse desastre como tragédia. "As tempestades," ditou ele, "causaram-nos a perda de alguns navios, depois de uma batalha na qual imprudentemente se engajaram." O caso foi bem mais grave; a Inglaterra era mais do que nunca senhora dos mares; Napoleão só poderia pô-la de joelhos interditando-lhe o Continente. Ele teria gostado de discutir isso com o Czar. Mas os russos cometeram o erro de atacar em Austerlitz, um terreno que Napoleão havia estudado

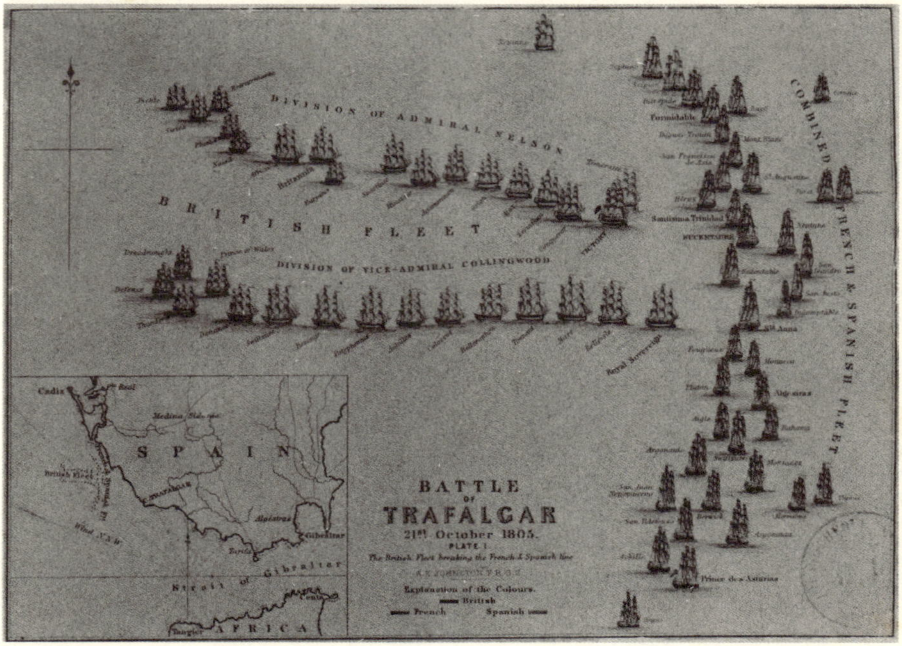

Esquema da Batalha de Trafalgar.

Batalha de Trafalgar.

A Batalha de Austerlitz (2 de dezembro de 1805).

com cuidado. "Esse exército é todo meu," disse ele, já nos primeiros movimentos do inimigo. Atraiu os russos para lagos congelados, depois rachou o gelo a tiros de canhão. Era uma brilhante vitória militar e moral, alcançada em 2 de dezembro, dia de aniversário da coroação. Expediu uma de suas fulgurantes ordens do dia: "Soldados, estou contente com vocês... Bastará dizerem 'estive na batalha de Austerlitz' para que lhes respondam: Aqui está um bravo..." "Estilo enfático," disse Bainville, "artificial, enganoso." Não; era o estilo da época, feito para agradar tanto o povo como os soldados.

O canhão de Austerlitz fez voar em pedaços a coalizão. O Czar retoma o caminho de casa; a Áustria pede paz; a Inglaterra sente o golpe. "Eu também fui atingido em Austerlitz," murmurou Pitt antes de morrer. A paz foi dispendiosa para a Áustria. À Rússia, Napoleão nada pede; quer a amizade do Czar. Da Áustria, ele toma o império germânico e a Itália. Na Alemanha cria a Confederação do Reno, da qual será o protetor e que reunirá dezesseis reis e príncipes reinantes. Na Itália expulsa os Bourbons de Nápoles e entrega o reino a seu irmão José, pessoa amável, pouco talhada para governar. Louis Bonaparte, marido honorário de Hortense de Beauharnais, será rei da Holanda; Elisa Bacciochi, princesa de Lucques e de Piombino; Pauline Borghese (recasada após a morte de Leclerc), princesa de Guastalla; Jerome (cujo casamento por amor com uma americana, Miss Patterson, foi declarado

A véspera da Batalha de Austerlitz. Gravura popular.

nulo pelo Imperador) desposa a princesa Catherine de Wurtemberg; Eugène de Beauharnais torna-se genro do rei da Baviera.

Por que esse delírio de esnobismo monárquico? Um homem inteligente como Napoleão não veria o que tem de ridículo nessa tribo corsa assaltando os tronos da Europa? Napoleão não é cego; ele sabe das deficiências de José, de Louis. Mas serve-se dos seus familiares porque conhece a força de um clã. Com esses, que nada serão sem ele, acredita poder contar com um mínimo de fidelidade, enquanto os verdadeiros príncipes estarão sempre prontos a trair. Na sua volta a Paris em janeiro, após quatro meses, durante os quais havia remodelado a Europa, encontrou a capital num verdadeiro pânico financeiro. Os portadores de títulos precipitando-se ao Banco da França

Louis Bonaparte, rei da Holanda.

José Bonaparte, rei de Nápoles, detalhe de uma gravura sobre os membros da Légion d'Honneur.

Jerome Bonaparte, rei da Westfália.

Pauline Borghese (Marie-Pauline Bonaparte), irmã de Napoleão, 1802.

Elisa Bonaparte. Busto por Bartolini.

exigindo reembolso. Espalhara-se o rumor de que o banco havia sido arruinado com o lucro de fornecedores, Ouvrard e outros, o que não estava longe da verdade. Barbé-Marbois, ministro do Tesouro, havia emprestado fundos do banco aos negociantes. Teria sido fraude ou incompetência?

Napoleão, retornando às pressas, age brutalmente. Ou os negociantes restituem o dinheiro ou serão enviados para Vincennes, e eles sabem o que isso significa. Barbé-Marbois, figura patética, oferece a cabeça: "Que queres que eu faça, seu grandíssimo______," diz o Imperador, que recupera seus milhões e adquire para sempre horror aos especuladores. Tendo uma mãe cuja única concepção de investimento era na terra, nas amoreiras e nas cabras, antipatizava tanto com o crédito quanto com os capitalistas. Disse a José: "Estou satisfeito com meus assuntos aqui; tive muito trabalho para acertar tudo, obrigar uma dúzia de malandros, à frente Ouvrard, a uma restituição... Estava resolvido a mandar fuzilar a todos sem processo. Graças a Deus fui reembolsado; todo esse assunto me deixou de mau humor. Digo-te isso para que vejas o quanto os homens são patifes." Um chefe de governo precisa ter alto estoque de indulgência humana para não se tornar misantropo.

Depois de vitórias tão espetaculares, ele esperava uma paz durável, tanto mais por Fox ter sucedido a Pitt. Mas os partidos opostos, na Inglaterra, têm muitas vezes a mesma política externa. Fox, amigo dos liberais franceses, especialmente de La Fayette, não podia gostar de Napoleão. Aliás, a retomada das hostilidades partiu dessa vez da Prússia. O pretexto foi o Hanover, que Napoleão prometera igualmente aos ingleses e ao rei da Prússia. A verdadeira razão foi o fato de que nem prussianos, nem austríacos, nem russos aceitavam de boa-fé tratados impostos pela força. Tendo reorganizado seus exércitos, queriam acabar com o aventureiro. O rei da Prússia Friedrich-Wilhelm enviou à França um ultimato que expirava em 8 de outubro. *Napoleão a Berthier*: "Enviaram-nos um convite para um encontro de honra em 8 de outubro; jamais um francês faltou a um encontro desses." Foi uma campanha vistosa, conduzida ao som de tambores. Quanto mais o Imperador sufocava em Paris em meio às intrigas e às bisbilhotices maliciosas, mais se sentia à vontade e seguro de si a cavalo, em meio a seu exército. *À imperatriz Josefina*: "As coisas vão bem... Creio que em poucos dias, com a ajuda de Deus, o pobre rei da Prússia vai se ver numa situação terrível. Pessoalmente sinto muito, porque ele é uma boa pessoa." Seu *annus mirabilis* é 1806. Sua *Blitzkrieg* se assemelha à de Austerlitz. Simulação e ataque pelo

Charles James Fox em 1806, com a idade de cinquenta e sete anos.

flanco; o inimigo em retirada vê suas linhas de comunição cortadas; primeiro é Saalfeld, depois, Iena. O exército prussiano é esmagado. A bela rainha Louise da Prússia, que desejara essa guerra, foge. *Para Josefina*: "*Mon amie*, executei manobras lindas contra os prussianos. Tive ontem uma grande vitória. Cheguei junto ao rei da Prússia; deixei de prendê-lo, assim como à Rainha... Sinto-me às mil maravilhas."

Sim, sentia-se às mil maravilhas, apesar de dormir quatro horas por noite. Ele até engorda. Vive a felicidade de um artista que se sente em plena forma. Afinal, esses prussianos são os soldados de Friedrich, o Grande, os melhores do mundo, e ele os venceu, vingando Rossbach, batalha havida num tempo em que os Bonapartes nem mesmo eram franceses. "Se havia um herói que ele gostava de personificar era sem dúvida esse, a ponto de copiar as extravagâncias do vestir do rei-filósofo; o chapéu pequeno, o redingote cinza, são mais do que apenas reminiscências" (Maximilien Vox). Que pura alegria para aquele que havia modelado sua vida pelo grande Friedrich, dormir em seu palácio em Postdam e enviar sua espada para os Invalides em Paris. Os boletins do Grande Exército refletem a exultação do Imperador, expressada por uma bonomia informal e

A Batalha de Iena, 14 de outubro de 1806.

Napoleão recebe a rainha Louise da Prússia em Tilsit, 6 de julho de 1807.

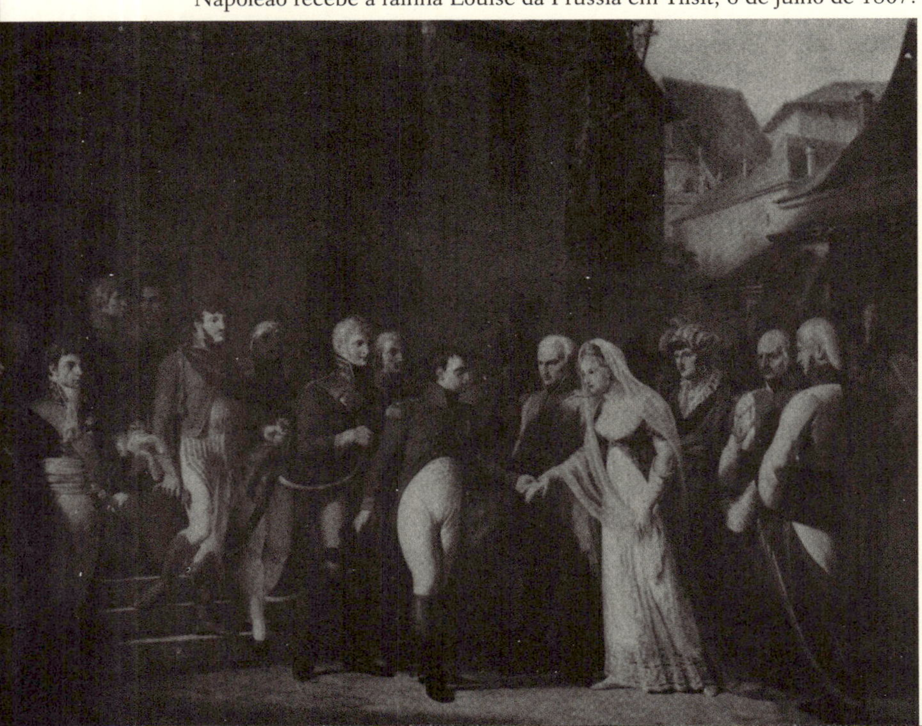

Entrada de Napoleão em Berlim. Charles Tardieu

confiante, e também pela magnanimidade, pois quando o Príncipe Hatzfeld estava para ser fuzilado por *double jeu*, Napoleão entrega a Mme. de Hatzfeld a carta que provava a culpa de seu marido: "Pois bem, madame, jogue esta carta no fogo." Aqui é a imitação de Augusto – e de Corneille – mais do que de Friedrich. Ator de comédia? De tragédia? Talvez, mas é magnífico em ambos os papéis e lúcido espectador de sua própria interpretação.

"Napoleão sopra a Prússia, e a Prússia deixa de existir" (Henri Heine). A entrada triunfal em Berlim se fez, para grata surpresa de Stendhal, ao som de "La Marseillaise," canto republicano. Voltaria o Imperador a ser o general da Revolução? Se nesse dia de glória, se tivesse apoiado no povo e substituído os soberanos em Berlim e Viena por homens leais – na opinião de Stendhal ele teria sido invencível. Mas Napoleão almejava ser recebido no clube dos soberanos. Perigosa humildade. Para se impor, restava-lhe vencer dois inimigos: a Inglaterra e a Rússia. Contra a primeira, assinou em 21 de novembro de 1806 o famoso decreto do bloqueio continental. Qualquer comércio com a Inglaterra estava proibido na Europa inteira. Restava fazer aplicar o decreto pelo Czar, motivo pelo qual Napoleão invade a Polônia.

Condessa Marie Walewska.
Miniatura de Isabey pertencente
ao conde d'Ornano.

Entrada triunfante dos franceses, comandados por Murat,
em Varsóvia, 28 de novembro de 1806.

A Batalha de Eylau, 8 de fevereiro de 1807. O ataque do cemitério

Guerrear os russos é caçar sombras. Eles se retiram a passos silenciosos. A neve cobre tudo. Combate-se à noite contra fantasmas da lua que têm ordens para não emitir um único som. O abastecimento do Grande Exército vai ficando difícil; os velhos soldados resmungões resmungam. Aqui também, se Napoleão se apresentasse como libertador da Polônia, teria o povo a seu lado. A bela condessa Marie Walewska se sacrifica (sem nenhum sinal de aversão) e se entrega a ele por patriotismo, para que libertasse a Polônia. Porém, como estava extremamente ansioso para que essa vitória levasse a uma reconciliação com o czar Alexandre, nada queria fazer de conclusivo. O episódio Walewska tem sua importância porque a bela condessa ficou grávida, provando assim que Napoleão podia ter filhos, ou seja, gerar um sucessor – fato que o levaria ao divórcio.

Se a Rússia tivesse sido fiel à sua tradicional estratégia de recuar para as imensas estepes sem combater e atrair o inimigo para aqueles ermos gelados, a primeira campanha contra a Rússia teria terminado em desastre, ainda em 1807. Mas Bennigsen queria sua batalha; que ocorreu em Eylau, um combate sangrento em que as tropas de Augerau foram aniquiladas, e a cavalaria russa avançou até o cemitério de Eylau, quase capturando Napoleão. Ele próprio conservou a horrível lembrança daquele ossuário. Até então havia ganho as batalhas principalmente com as pernas de seus soldados e a rapidez de sua inteligência. Nada havia de "vistoso e alegre" nesse tipo de luta. Teria mesmo havido em Eylau vencedor e vencido? "Um massacre," disse Ney, "e tudo em vão." Os russos celebraram um *Te Deum*. É uma das maneiras de se persuadir de que se é o vencedor.

Napoleão, pacientemente, se instala em Varsóvia, talvez um pouco por Marie Walewska, mas certamente por fidelidade à sua ideia fixa. Ele precisava da amizade de Alexandre. Dessa distante capital governa a França, por meio de cartas incrivelmente detalhistas; organiza festas em Paris, mantém Fouché informado dos estragos de Mme. de Staël, dá aos pintores os temas para seus quadros. Finalmente, pode dedicar-se à batalha tão desejada; é Friedland, no dia do aniversário de Marengo (14 de junho de 1807). Desta vez a vitória não deixou dúvidas. Alexandre, irritado com seus aliados, pede uma entrevista com Napoleão.

O encontro ocorreu em Tilsit, no meio do rio Niemen sob um pavilhão armado numa balsa. Rivalizaram no charme. Os dois imperadores esforçaram-se cada um para encantar o outro, e o sentimento de simpatia, aparentemente, foi mútuo. Napoleão havia jurado a si mesmo fascinar esse "belo, bondoso e jovem imperador." Pareceu ter conseguido: "A ninguém dediquei mais apreço que a esse homem," disse Alexandre. E como não ser cativado por tanta inteligência, por tal "ternura de coração" (Bainville), que chegou a ponto de respeitar os escrúpulos do Czar em relação a seus aliados. Não é

A Batalha de Friedland, 14 de junho de 1807.

Encontro de Napoleão e czar Alexandre em Tilsit, 25 de junho de 1807.

a Revolução de bota e espora que vai ao encontro de Alexandre na jangada de Tilsit: é um homem do mundo e um homem das letras. Napoleão por sua vez elogia o novo amigo: "Levantamo-nos da mesa mais cedo para nos livrarmos do rei da Prússia, que nos entediava. Às nove horas o Imperador veio tomar chá comigo, usando simples roupas burguesas... Conversamos sobre política e filosofia. Ele tem ampla erudição e ideias liberais." O soldado da fortuna defendia a monarquia hereditária; o déspota esclarecido tomava o partido da monarquia eletiva. Napoleão deixou Tilsit com a certeza de ter feito um amigo. "Era um tanto paradoxal," e ele não tardaria em acusar esse belo moço de ter a astúcia "de um grego do Baixo-Império." Mas, como salientou ainda Stendhal, se ele tinha errado, era um erro generoso, por excesso de confiança. Napoleão mostrou ter mais grandeza de alma que Alexandre. Foi um tratado de paz moderado, embora a Prússia perdesse territórios ("as duas asas da águia negra sendo quebradas") e o Czar visse sem prazer a criação de um ducado de Varsóvia, uma Polônia com abatimento...

Mais tarde, em Santa Helena, quando perguntaram a Napoleão em que época de sua vida havia sido mais feliz: "Talvez em Tilsit... Eu me sentia vitorioso, ditando leis, tendo reis e imperadores a fazer-me a corte." Retorna a Paris em 27 de julho "no auge da glória." Seu aniversário de nascimento, 15 de agosto, é festejado com um entusiasmo sem precedentes. "Não era somente o herói que se celebrava," era o soberano que os franceses adoravam. Se havia alguma oposição, era silenciosa. Além do mais, como poderia uma oposição se manifestar? A imprensa estava amordaçada. O Tribunat se dissolverá, sem tumulto, sem resistência, por um simples *senatus consultum*. E no entanto Napoleão tem uma estranha impressão de insegurança. O sonho é róseo demais, perfeito demais. "*Pourvu que ça dure.*" "Contanto que isso dure," repete a sábia e cética Madame Mère, e o filho sabe que ela tem razão. Esforça-se por manter o espírito de Tilsit; escreve ao Czar: "Nós venceremos a Inglaterra; nós pacificaremos o mundo," mas sabe que as âncoras lançadas por ele estão pouco firmes. Tanto em São Petersburgo como em Berlin, e mesmo em Paris, subsistem dúvidas quanto à duração da aventura. Ele próprio duvida. A Europa é muito pesada, muito grande para que um só homem consiga segurá-la com braços abertos. Já na Espanha novas dificuldades o inquietam. O Império é um imenso edifício, soberbamente ordenado, construído com espantosa rapidez; mas aqui e ali aparecem rachaduras, e tão logo o Imperador cimenta uma frincha já outra aparece.

A máquina infernal que ameaça o Império é o sistema continental. Sem dúvida, o bloqueio faz a Inglaterra sofrer; seus trabalhadores desempregados; suas reservas de ouro em queda. Mas prejudica também a Europa. O próprio Napoleão, que tem falta de certos produtos, precisa conceder licenças. Os *boyards*, os nobres russos, que não vendem mais suas madeiras e seu cânhamo, estão furiosos. O contrabando se alastra. Alguns portos permanecem abertos aos navios ingleses. A Dinamarca, que ficara ansiosa por juntar-se à liga dos neutros, foi duramente advertida. A Suécia permanece do lado inglês. Portugal, que vende seus vinhos para a Inglaterra, hesita. Napoleão imediatamente destrona a casa de Bragança e envia para Lisboa o general Junot, que, vencedor, chega à capital no momento em que a família real foge para o Brasil.

Mas é uma reação em cadeia. Os Estados Pontifícios negam-se a fechar seus portos aos ingleses; o general Miollis ocupa Roma. Desentende-se com o Papa. A Espanha vê com mau humor os soldados de Murat instalarem-se em seu território sob o pretexto de apoiar Junot em Portugal e proteger a península contra um desembarque inglês. A situação dinástica na Espanha acha-se conturbada. O ministro Godoy, Príncipe da Paz, obriga o rei Carlos IV a um papel vergonhoso; o herdeiro do trono, príncipe das Astúrias, conspira contra seu pai. Uma rebelião popular o alça ao trono como Fernando VII. Napoleão imagina então que os espanhóis, cansados de tanta incerteza, ficariam felizes em receber um rei de sua escolha. Murat, que lá estava, corrobora

Junot em Portugal, 1807.

essa suposição, desejoso do trono. O imperador prefere José; fará um "movimento" de xadrez com reis; José vai para Madrid, e Murat vai para Nápoles. Após atrair Carlos IV e Fernando VII a Bayonne, Napoleão os mantém prisioneiros.

Mau movimento e erro grave. Dessa vez o calculista se engana completamente. Ele, que sabe tanto, ignora tudo sobre a Espanha. Acredita que os espanhóis ficariam felizes livrando-se de um soberano ridículo, de monges lunáticos e de nobres rapaces. Mas se depara com um povo religioso, evidentemente patriótico, que não tem medo

Joachim Murat, rei de Nápoles 1808.

Capitulação do general Dupont em Baylen, 1808.

nem da morte nem de infligi-la, e para o qual a honra é tudo. José, abandonado à própria sorte, escreve carta após carta ao irmão para adverti-lo do perigo iminente. "Serão necessários recursos enormes para submeter a Espanha," escreve esse Bonaparte pessimista. "Este país e este povo não se parecem com nenhum outro... Não resta um só espanhol ligado à minha causa." José não mente. A Espanha o rejeita como a um corpo estranho. Padres lideram bandos de guerrilheiros. É uma guerra amarga. Em 1808, um desastre: o general Dupont capitula em Baylen com 20 mil soldados franceses frente às *guerrillas*. O Imperador entra em fúria tão violenta quanto sua cólera contra Villeneuve na época de Boulogne. Compreende-se essa raiva, pois se a Europa descobre que ele está vulnerável, e até ferido, cairá em peso sobre o ninho da águia. A fim de restabelecer a situação, ele quer, antes de ir à Espanha, rever seu "amigo" Alexandre. Garantida a retaguarda, ele conduzirá o Grande Exército até Madrid e acertará as contas com aqueles *guerrilleros*. Sabe que ele estando lá em pessoa a vitória lhe será fiel.

Segue-se então a famosa reunião em Erfurt com o Czar e os príncipes alemães. Napoleão levara com ele a Comédie-Française. O grande Talma se apresenta para "uma plateia de reis." Os soberanos da Confederação Germânica escutam respeitosamente enquanto o anfitrião fala com bonomia sobre sua juventude. "Quando eu era tenente de artilharia..." A *coquetterie* do sucesso. Galanteria da cultura também, com os grandes poetas alemães: Goethe, Wieland. "O senhor é um Homem, monsieur Goethe." Alexandre interpreta, igualmente à altura, seu papel. Quando Talma declama: "A amizade de um grande homem é uma dádiva dos deuses...," o Czar inclina-se a Napoleão: "Eu me apercebo disso todos os dias," diz. Está sendo sincero? A despeito das aparências, sente-se que o espírito de Tilsit não está mais ali. Alexandre evita qualquer compromisso categórico. É orientado por Talleyrand, que receia a falta de freios de seu chefe e alega servir ao Imperador criando-lhe obstáculos e impondo limites. Desse tipo de precaução à traição é um passo. Logo o príncipe de Benevento dirá: "É o começo do fim." Napoleão, agora decidido a se divorciar, gostaria de desposar uma grã-duquesa russa. Talleyrand aprova (secretamente) a recusa do Czar. Em suma, Napoleão, em Erfurt, faz papel de bobo. Prodigalizara sua fascinante inteligência sem qualquer retorno. Nada é mais triste que uma "festa gorada." Após esta última conversa com Alexandre, ele fica por um longo

François-Joseph Talma.
Desenho de Léonor Mérimée.

O Duque de Wellington, 1812, Goya.

tempo pensativo. Aqueles assuntos da Espanha custaram-lhe caro, em homens e em prestígio.

Mas não tem ele "cem mil homens de renda?" Uma noite em Paris consertará tudo. Enquanto isso, vai transferir tropas da Alemanha para os Pireneus, movimento ainda mais urgente pelo fato de os ingleses terem desembarcado na Espanha e em Portugal. A política inglesa para com um conquistador que lhe dificulta a vida é sempre a mesma: dominar o mar, apoderar-se das ilhas e de outras colônias, coagir o inimigo a aumentar suas linhas de comunicação por terra, depois atacá-lo nos pontos onde os suprimentos possam ser trazidos por mar e onde seus partidários locais possam ser abastecidos com armas e dinheiro. Os generais ingleses, Sir John Moore e Sir Arthur Wellesley (o futuro Wellington), são excelentes. "A infantaria deles é a melhor da Europa," diz o jovem Bugeaud. "Felizmente eles não são muitos." Nesse novo front continental, a presença do Imperador se torna indispensável.

A história de Napoleão evoca o mito de Sísifo. Ele empurrava sua enorme pedra corajosamente até o cimo da montanha e aconteciam Arcole, Austerlitz e Iena; mas toda vez a rocha rolava encosta abaixo, e lhe era necessário um novo corajoso esforço para empurrá-la de

"Dos de Mayo," Goya.

volta ao topo. Em outubro de 1809, com a pedra no seu ponto mais baixo, o Imperador acorre à Espanha com 160 mil homens, recrutas de 1810 convocados antecipadamente e reforçados por veteranos. Contra essa maré humana os patriotas espanhóis não puderam se opor. Em 2 de dezembro, sua data fatídica, está diante de Madrid. Empossa seu irmão, extingue a Inquisição, os direitos feudais, fecha numerosos conventos, supondo por essas medidas ter seduzido as massas. Uma vez mais, julga erroneamente esse país bravio, exaltado, unânime na insurreição. De Paris, advertem-no que em sua ausência Talleyrand e Fouché conspiram contra ele. Corre de volta a Paris, cobre de insultos os insatisfeitos, mas não ousa puni-los. Infelizmente, precisa deles.

Para a inquieta opinião pública francesa, ele diz: "Não haverá mais guerras." Mas a máquina infernal não foi desativada. Na Espanha, Soult e Lannes são envolvidos numa guerra atroz, de emboscadas nas sierras, de tumultos nas ruas das cidades. Na Prússia, o proselitismo dos filósofos e estudantes desperta a nação, que se prepara para uma guerra de libertação. A Áustria acredita ainda poder liderar esse movimento e reorganiza seu exército. A imperatriz adorna as futuras

O marechal Lannes, por Gérard.

As ruínas do seminário de Zaragoza depois da explosão de 27 de junho de 1808. Gravura espanhola sobre desenho de uma testemunha ocular.

Bombardeio de Viena, 13 de maio de 1809.

bandeiras com fitas de seda bordadas. A Inglaterra envia subsídios, o Czar, secretamente, seus bons votos. O tratamento infligido ao Papa indigna os católicos. Em abril de 1809, o arquiduque Karl ataca a Baviera. Sísifo tem de novo de empurrar a pedra execrável encosta acima. A subida é cada vez mais árdua. A "renda de cem mil homens" não lhe é mais suficiente. Seu exército consiste agora de homens que são ou muito jovens ou muito velhos. Apesar disso, a vitória não abandona seu general favorito e ele entra em Viena pela segunda vez; mas as perdas são terríveis.

Segue-se então uma lastimosa sequência de más notícias. Portugal está perdido; a Espanha, ameaçada. Em Roma, o Papa foi detido, deportado, levado de carruagem de um posto para outro. Mas Napoleão obtém a espetacular vitória de Wagram. Não vai explorá-la, em parte por falta de cavalaria e de artilharia, e em parte porque precisa aliviar a carga. Wagram não lhe dá a mesma alegria pura de Austerlitz: "Nós os vitoriosos sabemos agora que somos mortais." Pensa menos em esmagar a Áustria e mais em fazê-la entrar em seu jogo. Se a aliança russa escapa-lhe pelos dedos, por que não uma aliança austríaca? Recusam-lhe uma grã-duquesa, por que não uma arquiduquesa? O vasto império está à espera de um herdeiro. A razão de estado exige o divórcio.

Palácio de Malmaison. Vista do parque.

É uma decisão que ele toma, não sem pesar. Primeiro, porque sempre amou Josefina, não só fisicamente mas também, pode-se dizer, socialmente; ela é uma perfeita imperatriz, um pouco perdulária, mas isso não é grave. E depois, porque ela é popular, sabe disso e resiste ao divórcio. Mas pouco a pouco ela se deixa persuadir por Fouché e por seu filho Eugène de que é "um ato comandado pela política, uma prova do absoluto devotamento do imperador aos deveres impostos por um trono hereditário, um sacrifício pessoal feito no interesse do estado." O documento de dissolução é assinado; Josefina permanece imperatriz com uma pensão de dois milhões e com a Malmaison. O único obstáculo é o casamento religioso celebrado às pressas na noite anterior à sagração. Somente o Papa, em princípio, poderia anulá-lo; mas o Papa, prisioneiro do Imperador, se recusa a tratar de assuntos eclesiásticos. O colégio eclesiástico de Paris aceita a sugestão ousada de se substituir ao Sumo Pontífice e anular o casamento alegando insuficiência de representação religiosa, devido à "natureza clandestina da cerimônia."

O caminho agora está aberto, caso o imperador Franz II consinta, para o casamento austríaco. Ocorre que os dois imperadores desejam essa união: Napoleão, para que se torne do interesse de um poderoso membro do clube dos soberanos hereditários a manutenção, na França, da nova dinastia; Franz, "para afastar Napoleão do Czar,

Retrato de Josefina. Malmaison.

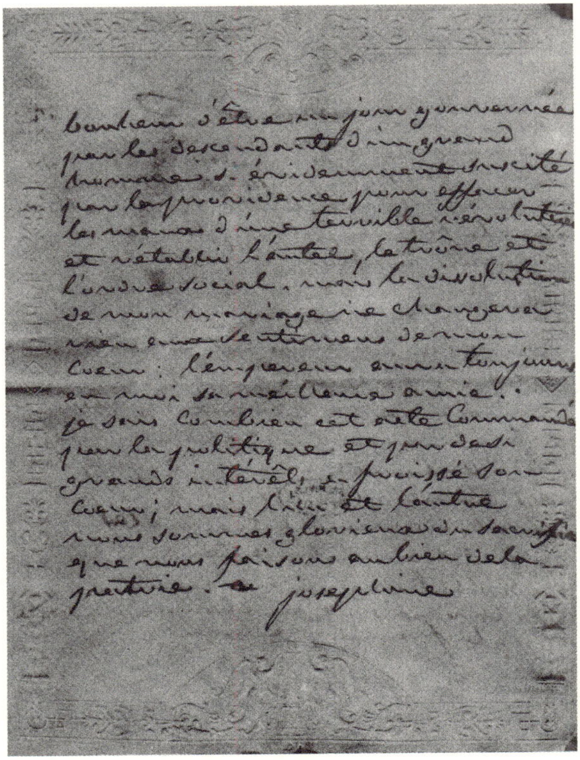

bonheur d'être un jour gouvernée
par les descendants d'un grand
homme si évidemment suscité
par la providence pour effacer
les maux d'une terrible révolution
et rétablir l'autel, le trône et
l'ordre social. mais la dissolution
de mon mariage ne changera
rien aux sentiments de mon
coeur: l'empereur aura toujours
en moi sa meilleure amie.
je sais combien cet acte commandé
par la politique et par de si
grands intérêts a froissé son
coeur; mais l'un et l'autre
nous sommes glorieux du sacrifice
que nous faisons au bien de la
patrie. — Josephine

Fac-símile de uma carta de Josefina a Napoleão à época de seu divórcio.

Arquiduquesa Marie-Louise, segunda mulher de Napoleão.

atrair o Senhor do destino para a aliança austríaca," com a possibilidade, acrescentava Metternich, de nos voltarmos contra ele, caso sua estrela decline. Em fevereiro de 1810, Viena dá o consentimento oficial. A princesa Marie-Louise, no frescor de seus dezoito anos, será a Ifigênia imolada para ganhar tempo. Quanto a Napoleão, sente-se extasiado por entrar para a família dos Habsburgos. Esse esnobismo era sua fraqueza. Começara personificando a Revolução de botas; terminou com a sobrinha de Maria Antonieta em seu leito. Estava tão impaciente por vê-la que vai ao encontro dela na estrada de Saint-Germain, manda parar a carruagem e leva-a direto aos seus aposentos. Certamente estava no seu direito legal. Casada por procuração em Viena, onde Berthier representara o noivo, chegava em Paris como imperatriz. Ela ao menos não era estéril e, já no primeiro ano (20 de março de 1811), lhe dá um herdeiro o qual, em memória do Sacro Império Romano-Germânico, recebe no nascimento o título de Rei de Roma.

Napoleão tinha agora o sentimento de que o futuro era dele – e de seu filho. Mas de que modo o casamento austríaco poderia resolver seus problemas? Enquanto a Inglaterra permanecesse hostil e inven-

Napoleão apresenta seu filho aos dignitários do Império, 21 de março de 1811.

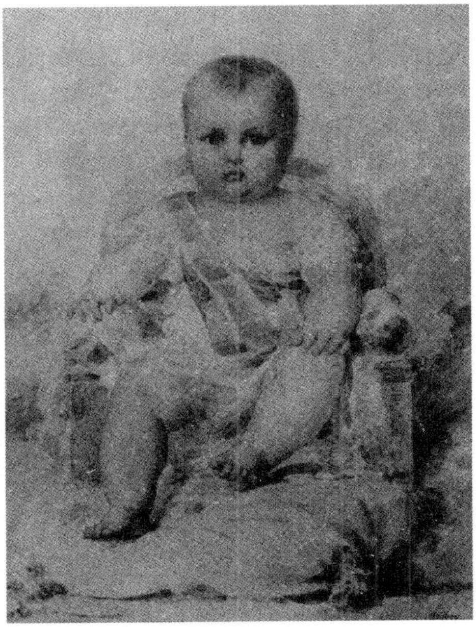

O Rei de Roma,
nascido em 20 de março de 1811.

"John Bull impede Napoleão de montar no globo." Outubro de 1806.
Caricatura publicada em janeiro de 1807.

cível, nenhuma solução seria possível. O Imperador calculara o tempo necessário para que o bloqueio continental forçasse a capitulação dos ingleses. A hora fixada soava e a Inglaterra não cedia. Seu rei era louco, seu regente frívolo, seus ministros medíocres. Pouco importava. Os instintos e as virtudes sustentavam a Inglaterra. Graças ao domínio dos mares, ela se instalava por todas as colônias, libertava a América do Sul e praticava um imenso contrabando comercial na Europa salvando assim seu crédito. A Rússia deixava entrar cento e cinquenta navios ingleses sob bandeira americana. O próprio Napoleão teve de se curvar diante dos fatos e autorizar a revenda de mercadorias apreendidas de que a França tinha necessidade. Como os suecos haviam escolhido para rei o marechal francês Bernadotte (cunhado de José, pois casara com Désirée Clary), o Imperador esperou que esse rei francês participasse do bloqueio, mas Bernadotte declarou sua "confiança na lealdade do Czar." Ele sabia de que lado estavam as simpatias do Czar. O Báltico abriu-se para o comércio britânico. Na Espanha, a situação não melhorava. O exército anglo-português de Wellington resistiu com sucesso a Ney, a Masséna, a Junot. A enorme pedra, no cimo do monte, oscilava.

Retrato do Cardeal Fesch.

Enquanto isso, o conflito com o papado perturbava cada vez mais as consciências. Napoleão quer impor sua autoridade ao Papa a todo custo. Se Pio VII não ceder, o Imperador convocará um concílio nacional, do Ocidente, a fim de que "a Igreja de meu Império seja unida pela disciplina, assim como ela o é pela fé." Afinal, não mantém em seu poder quase toda a cristandade? Ele reabre uma velha discussão, a das investiduras, que não vinha à baila havia séculos. O Papa recusa empossar novos bispos. Um concílio reunido em Paris sob a presidência do cardeal Fesch, primaz da Gália, decide que após um prazo de seis meses a investidura poderá ser realizada pelo arcebispo metropolitano ou pelo bispo mais antigo. Por fim, em maio de 1812, o imperador denuncia a Concordata e ordena a transferência do papa para Fontainebleau "vestido como um simples eclesiástico." A qualidade do refém era um sério perigo para o carcereiro.

Tais são as rachaduras que ameaçam o Império. Pode-se dizer que está em perigo? Alguns homens de visão arguta, como Talleyrand, veem nuvens tempestuosas acumulando-se no horizonte, mas Napoleão mesmo continua confiante. Pretende fazer de Paris a capital

O Conselho nacional reunido em 17 de junho de 1811, a fim de regular a questão das investiduras.

do mundo ocidental. Jamais, desde os dias dourados do Consulado, a sociedade francesa proporcionava espetáculo tão brilhante. Mas são apenas aparências. O desemprego cresce de forma alarmante, a colheita permanece insuficiente. Fabricantes e operários constatam que o bloqueio impede as exportações. Rouen, Verviers, Lyon, Gand têm imensos estoques encalhados de tecidos de algodão e veludo. A política não segue ainda a economia. A glória satisfaz, por enquanto, os franceses. Pelo Imperador que a proporcionou, eles ainda preservam admiração e amor, mas começam a temer que uma "última guerra," contra a Rússia, seja inevitável. Após a vitória, que é certa, a Europa francesa será fato consumado.

Depois de Erfurt, Alexandre revelou-se uma triste decepção, tanto política como emocional, para Napoleão. O Imperador dos Franceses não acreditava mais ter conquistado o Imperador da Rússia. O Czar alarma-se com o casamento austríaco, com o sistema continental e com o grão-ducado de Varsóvia. Sobre este último ponto Napoleão teve uma exasperada troca de palavras com o embaixador russo: "Mesmo que vossos exércitos acampem nos altos de Montmartre, eu não cederei um centímetro sequer de território em Varsóvia." Nobre atitude, difícil de manter caso os cossacos estivessem realmente em Montmartre. No dia 26 de abril de 1812, Alexandre toma a iniciativa do rompimento; exige que os exércitos franceses desocupem a Prússia. Napoleão protela a resposta a esse ultimato até poder ir a Dresden com Marie-Louise para se encontrar com sua família austríaca, o rei da Prússia e os príncipes alemães. Mostra-se brilhante, sedutor, obtém contingentes estrangeiros: poloneses, prussianos, saxões, westfalianos, bávaros, austríacos, sob o comando de Schwarzenberg – e promete que "em três meses *isso* estará feito." *Isso* é a derrota da Rússia.

O cenário que imaginou é simples. Seu Grande Exército compõe-se de mais de seiscentos mil homens (metade deles estrangeiros). Comanda-o em pessoa e com a elite de seus marechais. Não tem dúvida alguma de que esmagará os russos com suas manobras. Após o quê, o Czar pedirá a paz, o espírito de Tilsit será reavivado e a Europa estará unida. Tudo precisa ser muito rápido, pois ele não quer se entranhar pelas vastas planícies russas. Está seguro de seu plano. "Uma ideia que julgasse boa, uma vez instalada em sua cabeça," diz Caulaincourt, "fazia o Imperador se iludir. Adotava-a, afagava-a, impregnava-se dela."

O que ele não sabe é que czar, generais, nobreza e servos russos são unânimes contra o invasor; estão determinados a esvaziar cidades e povoados antes que ele as alcance; e que continuarão batendo em retirada, obstinadamente, a fim de obrigá-lo a fazer o que ele sabe ser fatal: penetrar no coração da Rússia. Os dois generais russos, Barclay de Tolly e Bagration, evitam o engajamento de suas tropas. Napoleão gostaria de forçá-los ao combate por meio de suas marchas forçadas que, até então, tinham sempre flanqueado o inimigo. Mas nesse país as batalhas não eram vencidas pelas pernas dos soldados. Certa noite, ele diz para Murat: "Até amanhã, às cinco horas – com o sol de Austerlitz!" No dia seguinte o inimigo não estava mais lá. O imperador, desconcertado e indeciso, é forçado a reconhecer que seus cálculos foram desmentidos pelos fatos; Alexandre não pede paz.

O Grande Exército entra em Smolensk. O exército russo incendiara a cidade e desaparecera. Um russo da velha cepa, Kutuzov, estava no comando. Tolstoi, em *Guerra e Paz*, retratou de maneira cortante esse velho indomável que dorme nas reuniões, não acredita em manobras mas tem uma fé fanática na Mãe Rússia. Por fim, em 7 de setembro, o Imperador encontra o exército russo entrincheirado em Borodino. O grande reduto russo é rompido pelas investidas de Ney, Murat e Eugène; é até mesmo flanqueado por Davout. As perdas, dos dois lados, são enormes, mas a vitória teria sido certa se Napoleão tivesse lançado sua Guarda, mantida em reserva. Ele não

A Batalha de Smolensk, 18 de agosto de 1812. Aquarela.

consegue se decidir. Seus generais estão indignados. Ney diz: "Que volte para as Tulherias!" Por que tanta fraqueza? Porque, atrás dele, entre a França e o Grande Exército, estende-se um espaço imenso. A Alemanha e a Áustria poderiam voltar-se contra ele a qualquer momento. Ele não dá a ordem, e os russos conseguem continuar em retirada. Agora, o Imperador é forçado a marchar sobre Moscou, contra seu próprio julgamento. Logo os campanários, os palácios e o Kremlin estão à vista. Dessa vez não é possível que Alexandre não peça paz. Moscou será a nova Tilsit.

Mas, não, Moscou brilha à noite "qual uma tocha." Quem pôs fogo? O governador Rostopchin? Provavelmente. Os russos, que acusam os assaltantes franceses, sentem aumentar seu ódio e determinação. Os velhos *grognards* estão desanimados. Vir de tão longe para só encontrarem casas em chamas? Os austríacos de Schwarzenberg sonham em salvar a reputação. A primeira reação do Imperador é de angústia: "Isso pressagia grandes males futuros," mas logo, com sua espantosa resiliência, se recupera. "Moscou é um excelente ponto político," local onde esperar a paz. Enquanto espera, reorganiza a Comédie-Française (Decreto de Moscou). Depois, como o passo esperado não é dado pelos russos, toma a iniciativa de escrever a seu

Busto do marechal Ney.

O Príncipe Kutuzov.

bom amigo Alexandre. Nada. Sempre nada. Chega outubro, e com ele o terrível inverno russo. Ainda assim, como o tempo permanece ameno, procura se tranquilizar: "Vejam, o outono é mais bonito e até mais quente que em Fontainebleau." O calculador vira jogador. Arrisca um último lance: uma proposta de paz a Kutuzov. Recusa. Com essa, é preciso partir; já havia protelado demais.

É a retirada, terrivelmente dura, fustigada pelos cossacos, pelos camponeses e pelo general Inverno (-35ºC). O exército não pode parar em Smolensk; continua até o Berezina, pelo gelo, sob neve, os suprimentos quase esgotados. Quatorze mil retardatários seguem atrás, meio perdidos. A travessia do Berezina, com os projéteis dos canhões russos quebrando o gelo, é trágica. Mas o Imperador é salvo. Um correio da França informa-lhe que em sua ausência uma conspiração organizada pelo general Malet o derrubara por uma noite anunciando sua morte. A situação foi restabelecida, mas o episódio expõe a estrutura frágil do Império. "E a Imperatriz? E o Rei de Roma?" Ninguém pensou neles. Napoleão diz a seu círculo mais próximo que seu retorno à França é imprescindível. "No atual estado das coisas, só posso me impôr à Europa do palácio das Tulherias." Portanto, é

Conde Feodor Rostopchin.

O incêndio de Moscou.

preciso deixar o exército; passa o comando a Murat – menos capaz que Berthier, porém rei. Hierarquia é hierarquia. Antes de ir, precisa explicar a partida e o desastre aos franceses. Dita então o espantoso XXIXº Boletim do Grande Exército, que relata os acontecimentos com serena gravidade e notável imparcialidade. Depois parte com Caulaincourt, primeiro em carruagem, depois em trenó.

É uma assombrosa jornada a desse imperador, viajando incógnito pela Europa com apenas alguns companheiros, vestindo um capote que mal o proteje do frio. Mais surpreendente ainda é a alegria, quase inconsciente, do Imperador. "Nossos desastres," diz ele, "causarão uma grande onda na França, mas minha chegada compensará os estragos." Acredita que a Europa vai voltar a ser dele. "Os reveses que a França vem sofrendo vão dar fim a todos os ciúmes... Resta apenas um inimigo na Europa; é o colosso russo." Ao que Caulaincourt, mais perspicaz, responde: "É Vossa Majestade que o povo teme." Napoleão se surpreende. Medo dele? Mas ele nunca desejou guerra. A Inglaterra o forçou a tudo que fez. "Não sou um Dom Quixote que precisa sair em busca de aventuras. Sou um ser racional

A travessia do Beresina.

que faz apenas o que julga ser necessário." Quanto à retirada de Kutuzov, ao incêndio de Moscou, ele os vê como inépcias. "Somos vítimas do clima; o tempo bom me iludiu." Espanha? A Espanha não o preocupa. "Se trinta mil ingleses desembarcarem na Bélgica ou no Pas-de-Calais, nos farão um mal muito maior do que me obrigando a ter um exército na Espanha." Em Posen recebe estafetas da França. Os envelopes são abertos com impaciência. Lê uma carta da Imperatriz: "Não é que tenho uma boa esposa?" Depois, uma de Mme. de Montesquiou ("mamãe Quiou"), governanta de seu filho. "Este homem, tão preocupado com seus assuntos, nesse momento era apenas um bom marido, o melhor dos maridos, o mais afetuoso pai de família," diz Caulaincourt.

A chegada a Paris em parte deu razão a tanta serenidade. O terrível XXIXº Boletim saíra no *Moniteur*, mas a presença do Imperador em Paris acalmou muitos temores. "O povo está mais aflito que desencorajado," disse ele. E para seus ministros: "Ora vamos, senhores, a sorte me ofuscou; deixei-me levar. Estava em Moscou, pensei que assinaria a paz e fiquei tempo demais." Caulaincourt foi mais severo. Acreditava no gênio do Imperador, mas achava que esse criador não sabia conservar. O Imperador estava mal secundado porque os prodígios realizados haviam acostumado marechais e ministros a

A. de Caulaincourt. Desenho de David.

Chegada de Napoleão a Dresden
em seu retorno da Rússia, em 1812.

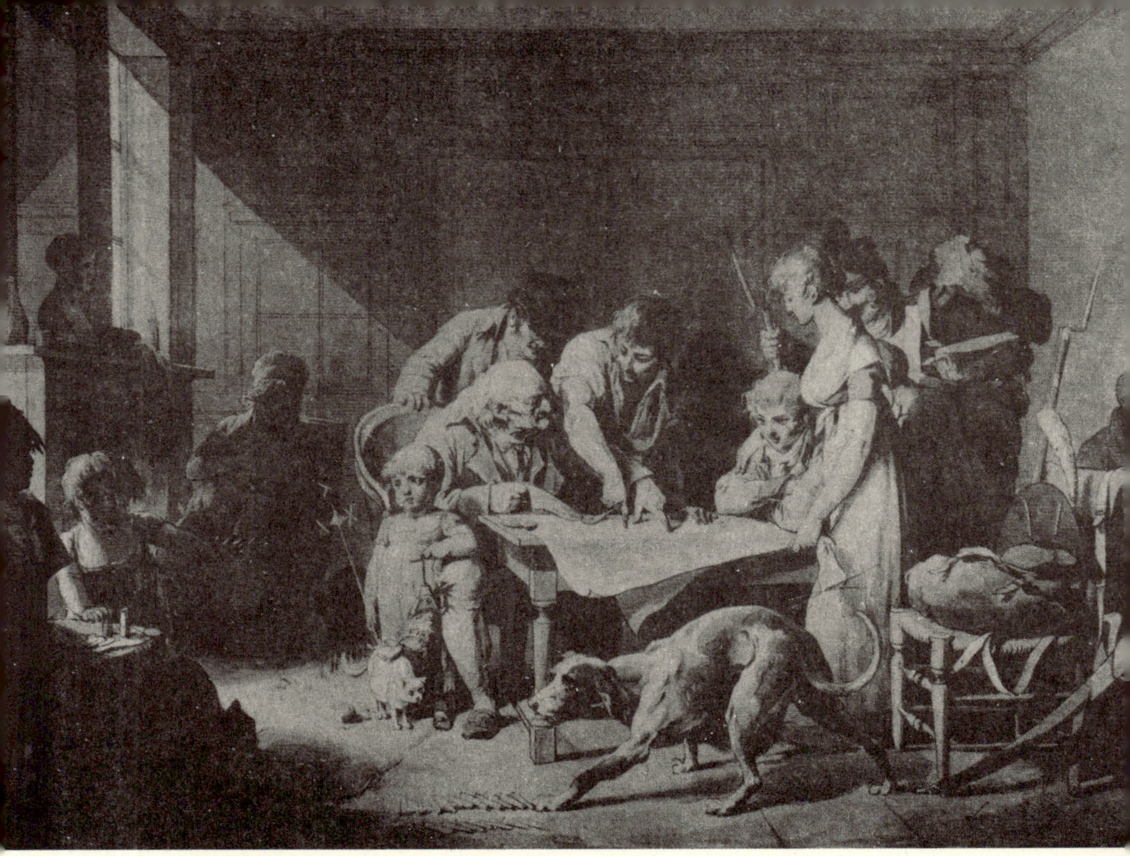

Leitura do XXIXº Boletim do Grande Exército.

deixarem com ele o sucesso. O rápido resultado das campanhas da Itália e da Alemanha estragara a todos. A retirada da Rússia só se preparou no último momento e foi muito mal executada. Marchas em retirada não eram da tradição do Grande Exército. Além disso (a mais grave das faltas num chefe), ele não gostava de pensar no que o contrariava. "A sorte tantas vezes lhe sorrira, que não podia acreditar que ela pudesse ser completamente infiel."

No entanto foi. Na Rússia, Murat passou o comando dos destroços do exército a Eugène. Schwarzenberg ri dessas mudanças. "Fomos do imperador ao rei; agora descemos ao vice-rei." O austríaco negocia com Kutuzov, expondo assim o flanco direito do exército. E quanto à Prússia? Os patriotas prussianos procuram uma aliança com a Rússia. E a Áustria? Na esperança de agradar Franz II, Napoleão propõe deixar a regência com Marie-Louise. Mas ele não conhece Metternich. A Inglaterra? Sabe que ela jamais fará a paz enquanto ele mantiver a Bélgica e que sua influência na França estará perdida caso aceite um acordo desonroso. Sua posição é mais que difícil; é desesperadora. A caçada ia começar. Em 1813 a Prússia lhe declara

Metternich.

guerra. Em vão ele ainda ganha batalhas, em Lützen, em Beutzen. As cabeças coroadas da Europa não só se unem contra ele, tentam também separá-lo da França.

Muitos marechais acreditam já estar à vista o acerto de contas da aventura. Após a batalha de Leipzig, onde 100 mil franceses lutaram contra 300 mil inimigos, a Europa toda marcha contra Napoleão. Seiscentos mil russos, austríacos, alemães, ingleses, invadem a França por todos os lados. Jamais o Imperador se mostrou tão grande estrategista quanto nessa campanha da França. "Só o general Bonaparte," disse ele, "poderá salvar o imperador Napoleão." O general está ciente de sua responsabilidade e de seu gênio. Mas não foi mais ajudado ou servido. Muitos dos marechais presentes pensavam no próprio futuro e procuravam uma saída. Os soldados não passavam de crianças. Napoleão estava em todas as frentes, derrotando os austríacos, correndo a combater os prussianos e travando batalhas em Montmirail, em Champaubert, combates dignos de Arcole e de Austerlitz. "Mas em última análise," ele próprio já havia dito, "a vitória fica com os batalhões grandes."

A Batalha de Lützen, 1813. Detalhe da parte central do painel de Joseph Beaume.

O círculo dos invasores se fechava sobre o herói e seus recrutas. Quem quer atingir a França no coração visa Paris. Em março de 1814 o Imperador sonhava ainda com algumas brilhantes manobras na Lorena para golpear o inimigo pela retaguarda, quando é informado que Blücher e Schwarzenberg estavam às portas de Paris. José havia capitulado. As primeiras palavras de Napoleão foram: "Quanta covardia! Se eu chegasse lá quatro horas mais cedo, tudo estaria salvo." Depois, acrescentou com veemência: "Sempre fazem asneiras quando não estou por perto." Mas ele ainda não acreditava estar tudo perdido. Encarregou Caulaincourt de ir ver "se ainda havia esperanças." Caulaincourt foi ao Czar, ao rei da Prússia, a Schwarzenberg. Todos disseram que queriam a paz, mas sem Napoleão. O czar Alexandre oferecia "tudo o que ele quisesse" em matéria de pensão, mas ele não poderia residir nem na França nem na Itália. Onde então? Caulaincourt sugeriu a Córsega, Sardenha, Corfu. Alexandre mencionou a ilha de Elba; Caulaincourt se apressou em fazer daquilo "um compromisso" para o caso do Imperador ter de abdicar. Marie-Louise e o Rei de Roma já haviam deixado Paris.

Os jovens recrutas, 1813.

COPY

OF THE

Transparency

EXHIBITED AT

ACKERMANN'S REPOSITORY OF ARTS,

During the Illuminations of the 5th and 6th of November, 1813,

IN HONOUR OF THE SPLENDID VICTORIES OBTAINED BY

The ALLIES over the ARMIES of FRANCE,

AT LEIPSIC AND ITS ENVIRONS.

THE TWO KINGS OF TERROR.

THIS Subject, representing the two Tyrants, viz. the Tyrant BONAPARTE and the Tyrant DEATH, sitting together on the Field of Battle, in a manner which promises a more perfect intimacy immediately to ensue, is very entertaining. It is also very instructing to observe, that the former is now placed in a situation in which all Europe *may see through him.* The emblem, too, of the Circle of dazzling light from mere *vapour*, which is so *soon extinguished*, has a good moral effect; and as the Gas represents the dying flame, so does the Drum, on which he is seated, typify the *hollow* and *noisy* nature of the falling Usurper.

The above description of the subject appeared in the *Sun* of Saturday, the 6th of November. These pointed comments arose from the picture being *transparent*, and from a Circle, indicative of the strength and brotherly union of the Allies, which surmounted the same, composed of *gas* of brilliant brightness.

"Os dois reis do Terror," caricatura de Rowlandson exposta em 1813.

Entrada em Paris dos aliados Alexandre I e Friedrich Wilhelm III, em março de 1814.

Enquanto isso, Napoleão, tendo encontrado a estrada livre, se dirigira para Fontainebleau. Ali, uma delegação de marechais, Ney à frente, vem pedir sua abdicação. Não viam outra salvação para a França que não fosse a volta dos Bourbons! "Louis XVIII," disseram, "será bem tratado pelos reis da Europa." Napoleão faz um último apelo: "Nós lutaremos," diz-lhes. Eles mantêm um silêncio glacial. Sabemos pelas *Mémoires* de Caulaincourt que ele tentou se suicidar. Mas até mesmo o veneno o traiu. Então ele se resigna. A regência? O Rei de Roma? Sabia ser uma quimera. De pé na escadaria do pátio do Cheval Blanc, num cenário digno de um grande artista, Napoleão faz suas despedidas à Velha Guarda: "Se consenti em sobreviver foi para poder servir à vossa glória ainda mais. Quero escrever sobre as grandes coisas que fizemos juntos..." Quando ele beijou a águia os velhos soldados choraram. Somente eles o amaram; só eles permaneceram fiéis.

"O pensamento de um homem bem situado é seu salário." Sua política também. Marechais e altos funcionários, ajustando as velas aos ventos, ofereceram seus serviços aos Bourbons. Em Paris, o conde d'Artois e até mesmo os soberanos inimigos foram recebidos com um entusiasmo indecente. "Todos pareciam estar regressando de Coblenz. (...) Lenços e saias se transformavam em estandartes brancos" (Mme. de Chateaubriand). O próprio Napoleão tinha pressa em deixar Fontainebleau. "Estou incomodando... Por que não acabam logo com isso?" Ele esperava que Marie-Louise ficasse com Parma, que ela se revezasse entre essa cidade e a ilha de Elba. Quando finalmente partiu, durante sua viagem foi muito bem acolhido, exceto no sul, onde monarquistas furiosos revistavam as carruagens à sua procura, com a intenção de enforcá-lo. Sabemos que, corajoso no campo de batalha, ele temia as turbas. Isso já ficara bem claro no 18 Brumário. Vestiu um uniforme austríaco para escapar da violência e finalmente embarcou em Fréjus numa fragata inglesa. A grande aventura parecia terminada.

Enquanto em Viena soberanos e diplomatas tentavam refazer a Europa, e Marie-Louise, Imperatriz infiel, dançava, o imperador destronado se devotava, com a costumeira aplicação, a seu minúsculo estado. Para a mente dos verdadeiros homens de ação, nenhuma tarefa é pequena demais. Na ilha de Elba, César administrava com toda a sua habilidade o reino de Sancho. Construiu estradas, um hospital, um teatro. Mandou roçar terras incultas. Talvez se resignasse caso a

A despedida de Napoleão da Guarda Imperial em Fontainebleau, 20 de abril de 1814.

A capitulação de Paris em 31 de março de 1814.

mulher e o filho estivessem com ele. Mas apenas Marie Walewska apareceu com seu outro filho. Desapontado, Napoleão rejeitou essas ofertas de afeição.

Por que então, no começo de 1815, ele decidiu retornar à França? Tinha apenas quarenta e cinco anos e se sentia ainda capaz de desafiar a Europa. E as queixas eram muitas: sua mulher retida em Viena, a pensão prometida que não era paga. Sobretudo, tinha razões para temer por sua vida. Talleyrand repetia: "Precisamos nos livrar do homem da ilha de Elba." José, de volta à Suíça, alertou o irmão contra os assassinos, que podiam ser *chouans* monarquistas ou prussianos. As notícias que Napoleão recebia da França falavam da impopularidade dos Bourbons. O retorno deles no rastro dos estrangeiros havia ferido o sentimento nacional. Oficiais e soldados heróis do Grande Exército, postos a meio-soldo para dar lugar aos *émigrés*, tremiam de raiva à visão da bandeira branca. Bebiam "à saúde do *petit Tondu*." Em 15 de agosto de 1814 haviam celebrado o aniversário do Imperador.

“A entrega ou a cada um suas compras.” Caricatura do Congresso de Viena.

Os aliados no Tivoli, 1815.

Em sua chegada à ilha de Elba, Napoleão recebe as chaves de Portoferraio, 4 de maio de 1814.

A gente do povo dizia: "O pequeno cabo virá nos livrar dessas violetas." Visitantes da França relatavam ao Imperador que republicanos e bonapartistas conspiravam contra Louis XVIII e que, se Napoleão não se apressasse, o duque de Orléans poderia antecipar-se a ele.

Esse receio apressou sua decisão. Napoleão preparou a partida com o cuidado minucioso de um chefe de Estado-maior. Uma proclamação, em grande estilo, foi impressa na ilha. "A águia, de cores nacionais, voará de campanário em campanário até as torres de Notre-Dame." Seu retorno foi magnífico. O Imperador tinha apenas cerca de mil homens com ele e não podia contar com armamentos. Suas armas eram a lembrança de quinze anos de glória, o amor do povo, a afeição do soldado. No dia 1º de março de 1815 desembarca no golfo Juan. Seu plano era ir através dos Alpes para Grenoble, cidade amiga, evitando a Provença monarquista que lhe deixara más recordações. Aos soldados enviados para detê-lo ele mostra o peito: "Se há um entre vocês que queira matar seu imperador, aqui estou..." Ninguém atira. Grenoble abre suas portas, depois Lyon. Regimentos inteiros se juntam ao Imperador e formam um pequeno exército. Ele tinha

O jardim do governador em Portoferraio.

A casa de Napoleão na ilha de Elba.

Embarque de Napoleão em Portoferraio para sua viagem de volta.

agora homens suficientes para tomar Paris. Mas Paris seria defendida? Louis XVIII recusa seguir o conselho de Chateaubriand e esperar pelo usurpador "na cadeira curul, com a Constituição na mão." "Não estou com disposição para isso," disse o velho rei gotoso. Ney jura ir ao encontro de Napoleão e trazê-lo numa jaula de ferro. Uma carta e duas palavras o reconquistam. Em 20 de março o Imperador dorme nas Tulherias. É senhor de Paris "sem haver disparado um só tiro." O Rei e seus ministros haviam fugido.

O gênio triunfara, mas que fazer desse triunfo? Seguramente, os soberanos aliados, reunidos em Viena, iriam declarar Napoleão fora da lei e invadiriam a França. Ela estaria preparada para resistir? Disposto a cativar, ele adotou uma pose indulgente e liberal. "Não guardo ressentimento de ninguém." M. de Chateaubriand o criticara? Tudo bem. Benjamim Constant o tinha censurado? Ele o encarregou de redigir um ato adicional às constituições do Império prevendo eleições livres, responsabilidade dos ministros ante as câmaras, liberdade de imprensa. Essas concessões o diminuíram aos olhos dos chefes militares, que preferiam ver o Império restaurado intacto. Eram ainda os mesmos homens. Precisou aceitar de volta os marechais que o haviam traído, confiar a polícia a Fouché, que dissera: "Napoleão é para a

Entrada de Napoleão em Grenoble, tendo os habitantes arrombado as portas por dentro.

França o que o Vesúvio é para Nápoles," e convocar Carnot a fim de tranquilizar os velhos republicanos. Tudo isso não contribuía para uma equipe muito forte. Os antigos dignitários, desacreditados por suas frequentes mudanças de lealdade, não tinham nem convicção nem autoridade. Um plebiscito aprovou a nova Constituição, mas houve grande número de abstenções. Napoleão quis fazer da cerimônia de juramento no Champ-de-Mai uma réplica do ato de Carlos Magno. Ele e seus irmãos surgiram vestidos à romana. O povo de Paris sorriu, preferia o redingote cinza. Mme. de Staël enxergou bem: "Era um disparate querer mascarar tal homem de rei constitucional." O de que se precisava era da pátria em perigo, de um recrutamento *en masse*, do chamamento às armas, da ditadura militar. Mas o recurso já fora tantas vezes utilizado que se deformara.

Entre maio e junho de 1815, o Imperador havia reunido 500 mil homens; e os aliados, mais de 1 milhão. Além disso, Wellington havia suscitado novas agitações na Vendeia, imobilizando com isso 25 mil homens urgentemente necessários em outra parte. O embate deu-se em Ligny a 16 de junho, depois em Waterloo, sombria planície da Bélgica, em 18 de junho de 1815. Os dispositivos de Napoleão foram brilhantes. Por muito tempo ainda se discutirão os erros de Ney e de

Volta de Napoleão a Paris. Passagem pelo bairro de Les Halles.

Grouchy, e do próprio Imperador, que, tendo vencido em Ligny, não perseguiu os prussianos já na madrugada do dia seguinte. Wellington, pela tenacidade de sua defesa, conteve os ataques heroicos da Velha Guarda. Ao anoitecer do dia 18 em Waterloo, o último exército francês recuava, derrotado, em direção a Paris. Agora a França inteira exigiu a abdicação. Napoleão vai primeiro à Malmaison, casa de sua enteada Hortense, depois se dirige ao porto de Rochefort e à Ile d'Aix. Poderia ter atravessado o bloqueio e navegado para os Estados Unidos. Admiradores seus em Nova Orleans lhe haviam oferecido asilo. Mas ele preferiu entregar-se aos ingleses. Partir escondido num porão de navio arriscando-se a ser apanhado, pareceu-lhe indigno. Confiar-se, sem condições, aos seus piores inimigos era, por outro lado, um gesto à la Plutarco. Sua carta ao príncipe regente iria compor, ele bem o sabia, uma bela página da história. "Alteza Real, exposto às facções que dividem meu país e à hostilidade das grandes potências da Europa, cheguei ao fim de minha carreira política. Como Temístocles, venho abrigar-me na morada do povo inglês. Ponho-me sob a proteção das leis desse povo, proteção que solicito a Vossa Alteza Real, o mais poderoso, o mais firme e o mais generoso de meus inimigos."

Os ministros ingleses ocuparam-se menos das leis de hospitalidade que das regras da prudência. A experiência da ilha de Elba os

Volta de Napoleão a Paris, 20 de março de 1815.

A Batalha de Waterloo.

Campo de batalha de Waterloo no dia seguinte à derrota.

O adeus de Napoleão a Malmaison.

havia curado da tolerância. Decidiram enviar o general Bonaparte para Santa Helena, pequena ilha perdida no oceano, "longe, atrás da África." Algumas almas leais pediram para partilhar desse exílio: Montholon, Bertrand, Gourgaud, Las Cases, Marchand. Quando, a bordo do *Northumberland*, seus companheiros falavam em "Imperador," o almirante inglês fingia não compreender: "Não há nenhum imperador a bordo." Nem mesmo o imperador da Áustria, que havia entregue a filha a Napoleão, ou o imperador da Rússia, que muitas vezes o chamara "Irmão," seriam levados ao ridículo de recusar-lhe o título. Os ingleses, que jamais reconheceram o Império vitorioso, trataram duramente o Imperador prisioneiro. Os barracões de madeira que alojaram Napoleão e sua comitiva em Longwood eram construídos para o gado. O carcereiro, Hudson Lowe, com pendor para carrasco, foi mesquinho e grosseiro. Porém, o mau trato serviu ao derradeiro

Napoleão rende-se em 15 de julho de 1815 a bordo do *Bellerophon*, pondo seu destino na mão dos ingleses.

desígnio do Imperador. Esse genial encenador teatral dispunha, em Santa Helena, de todos os elementos para seu quinto ato. "Infortúnios também trazem heroísmo e glória. Faltava adversidade em minha carreira. Tivesse morrido ainda no trono, entre as nuvens de minha onipotência, teria permanecido incompleto para muita gente. Hoje, graças ao infortúnio, poderão me julgar a nu."

Posto a nu? Não de todo, pois absoluta objetividade para consigo mesmo não é uma atitude humana. Napoleão, em Santa Helena, sabe que está rodeado de biógrafos em potencial, cada qual com suas próprias memórias, e assume a legítima faceirice de apresentar à posteridade a postura mais lisonjeira. Procura agradar, e de fato agrada, em virtude de um frescor inesperado de espírito e sentimento, por algo recobrado de sua juventude. É o tenente Bonaparte que, no *Memorial* de Las Cases, salva o Imperador Napoleão. Em

Dois desenhos representando Napoleão a bordo do *Northumberland* na viagem para Santa Helena.

Longwood, folheando um atlas, encontra um mapa da Córsega e o examina demoradamente. Tudo lá tinha sido melhor, até mesmo o cheiro da terra. Sentir aquele aroma de olhos fechados, dizia ele, era suficiente para saber que estava na Córsega. Não tivera aquela sensação em nenhum outro lugar. Tanto quanto o menino corso, o segundo-tenente também estava vivo nele. Fora cônsul, imperador, senhor do mundo; partilhara seu leito com a filha de César, mas permanece soldado da fortuna, homem de guerra que subiu por seu valor aos graus máximos. Em Santa Helena, esse frescor intacto ajuda-o a suportar a brutal transição de um palácio para um galpão. Em seu rochedo ele muitas vezes pensa que preferiria estar vivendo em Paris com doze francos por dia. Jantar a trinta *sous*; frequentar os cabarés literários e as livrarias; sentar na plateia da Comédie-Française. Um *louis* por mês pagaria seu quarto. Ele não é tão diferente de Stendhal, e Stendhal sentiu bem isso.

Começou sua vida como homem de letras; terminou-a ditando, como prometera aos soldados de Fontainebleau, a história de suas grandes batalhas. Las Cases e Gourgaud trabalharam nisso. Um traço constante em sua vida era a avidez por leitura. Escuta a leitura dos

Napoleão em Santa Helena, 1815.

Sir Hudson Lowe,
carcereiro de Napoleão
em Santa Helena.

Napoleão em Santa Helena ditando suas memórias ao jovem Las Cases.

Evangelhos e se diz encantado pela beleza do Sermão da Montanha. Apesar de saber Corneille de cor, ele o ouve com prazer. Ele próprio não é também um excelente escritor? Às vezes termina suas frases com um murro metafórico, à la Tacitus: "Mas de que modo responderam, na Inglaterra, a uma tal magnanimidade? Fingiram estender uma mão hospitaleira a este inimigo e, quando ele se entregou de boa-fé, imolaram-no." A queda é bela em sua brusca dureza. Mais soldado que escritor, julga as obras de arte do ponto de vista de um técnico militar e político. No *Mithridate* de Racine, reprova um plano de campanha: "Pode ser belo como narrativa, mas não faz sentido como conceito militar." Lendo a Bíblia, detém-se em cada nome de localidade e descreve as batalhas que ali travou. Admira a *Odisseia*, mas critica Ulisses: "Não é apropriado que soberanos briguem como mendigos."

Tampouco é apropriado que haja brigas no *entourage* de um soberano. Mas o tédio de Santa Helena, a sordidez das acomodações, para não falar dos ciúmes, criam divergências nesse pequeno grupo de homens e mulheres, cujo único vínculo é o Imperador. O pequeno

Alguns dos volumes das obras completas de Molière que Napoleão tinha em Santa Helena. Edição especial feita pela Didot para ele em 1799.

Las Cases é uma boa alma, mas deixou família na França e deverá partir assim que tiver colhido o mel para o seu *Mémorial*. Gourgaud, o espadachim, tem pelo Imperador um amor exclusivo e ameaça bater-se em duelo com Montholon. "Sua briga não é com ele, mas com a rival, Mme. de Montholon, beleza definhante, da qual suspeita com razão fazer visitas não desinteressadas à alcova imperial" (Maximilien Vox). Napoleão tenta apaziguá-lo, puxa-lhe a orelha, chama-o "Gorgo... Gorgotto," e lhe confidencia suas próprias angústias: "Acha você que, ao acordar de noite, não tenho maus momentos lembrando o que eu era e onde estou agora? Como o tempo se arrasta! Que grande cruz! É preciso coragem para viver aqui." Depois de uma rixa com seu deus, Gourgaud também deixa Santa Helena.

A partir daí, os testemunhos tornam-se raros. Há os *Cahiers* de Bertrand, os *Souvenirs* de Marchand e os do "mameluco" Ali Saint-Denis. Têm-se vislumbres de uma vida monótona e penosa. Esse pequeno grupo, que se apega às memórias e à nostalgia, acha difícil manter a serenidade espiritual condizente com sua posição. O Imperador vai ficando amargo. E como não ficar? Está doente, inchado, a pele amarelada; sofre com a estreiteza da cama, com a falta de exercício, com a certeza de que não haverá jamais um "retorno de Santa Helena." Vez por outra ele se recupera e ameaça, com sucesso, usar seu fuzil naqueles que tentam violar seu último domicílio. Ou então, de repente, cobre com uma enxurrada de perguntas os membros de seu séquito, como costumava fazer. Mas essa espantosa máquina de recolher informações que é sua mente opera agora no vácuo. Ele se repete e fica se repetindo; abandona-se à linguagem grosseira usada em seus primeiros acampamentos; distancia-se, *hélas*, cada vez mais da imagem ideal que dele fará o pequeno Las Cases. É chegada a hora do desfecho.

Hudson Lowe retirou-lhe o Dr. O'Meara, que ele podia tolerar. Napoleão recusou-se a ver o médico militar inglês; sua mãe e o cardeal Fesch enviam-lhe um médico e um padre, ambos corsos. O médico não vale nada; o padre nada obtém. O Imperador sente dores atrozes e vomita tudo que ingere. Morre, como seu pai, de um tumor no piloro? Por muito tempo essa foi a crença geral. O doutor Guy Goldlewski, depois de examinar o corpo em Santa Helena, diagnostica não um câncer, mas úlcera causada por uma dieta abominável e, principalmente, por uma grande ansiedade. Napoleão morreu em 5 de maio de 1821; uma tempestade assolava a ilha. Marchand cobriu-o com o casacão que ele usara em Marengo. Montholon e Bertrand queriam gravar no túmulo uma única palavra: *Napoleão*. Hudson Lowe exigiu *Napoleão Bonaparte*. Soberano ou general? Qualquer acordo foi impossível, e a pedra permaneceu sem inscrição. Bem longe, na Europa, na hora da morte, o pequeno Las Cases ouve um repentino estrondo de trovão. Nascia a lenda.

A lenda é "o que deve ser dito," e devemos dizer, com Stendhal, que Napoleão foi "*une grande âme*." Somos às vezes tentados, quando acompanhamos essa impressionante carreira, a atribuir, como ele o fez, uma parte do seu êxito ao "General Acaso." "É o êxito que faz os grandes homens," dizia. No entanto, só o acaso não teria tido aquela constância. Todos os poderosos líderes de homens possuem traços em comum, que parecem ser as condições de sua superioridade. Para começar, dão pouco valor ao que as pessoas comuns cobiçam. Jamais um líder teve tantas riquezas à sua disposição como teve Napoleão, e tão pouco tomou delas para si. Depois, os homens de gênio, na ação, veem as coisas como elas se apresentam e não como gostariam que fossem. Napoleão, durante todo o período triunfal de sua carreira, agiu com realismo e fez pouco caso de estruturas organizadas. E mais tarde entrou em declínio "porque havia parado de divergir." No fundo, continuou grandioso. Não esperando perfeição nos homens, perdoava-lhes facilmente as falhas. "Há vícios e virtudes ditados pelas circunstâncias..." – dizia. "Este ou aquele homem pode ser intimamente honesto e, no entanto, praticar uma má ação." Mente ampla, rápida; inacreditável capacidade de trabalho; honestidade intelectual; nenhuma ilusão sobre a raça humana; a arte de encantar sem bajular, eis o que pode ter mantido a boa fortuna ao seu lado. Sem dúvida, deve seu fracasso final a uma imaginação muito viva. Seus planos eram admiráveis, mas ele os fazia em excesso. A arte suprema não é ter sucesso, é saber parar.

Seja o que for que pensemos do drama de sua vida, ninguém negará a grandeza de sua morte. O Prometeu pregado em sua rocha perdida manterá no sofrimento e na humilhação a dignidade de um mártir. Em junho de 1815, após Waterloo, muitos franceses odiaram Napoleão por legar-lhes uma França invadida. Bem depressa, com a passagem do tempo, na comparação com os Bourbons, com a beleza das lembranças e os relatos do cativeiro, o ódio cedeu lugar à piedade, e a piedade ao pesar. Poetas o cantaram. Vitor Hugo dedicou-lhe seus versos mais sonoros. Na própria Inglaterra, Byron, Hobhouse

Morte de Napoleão, por Steuben.

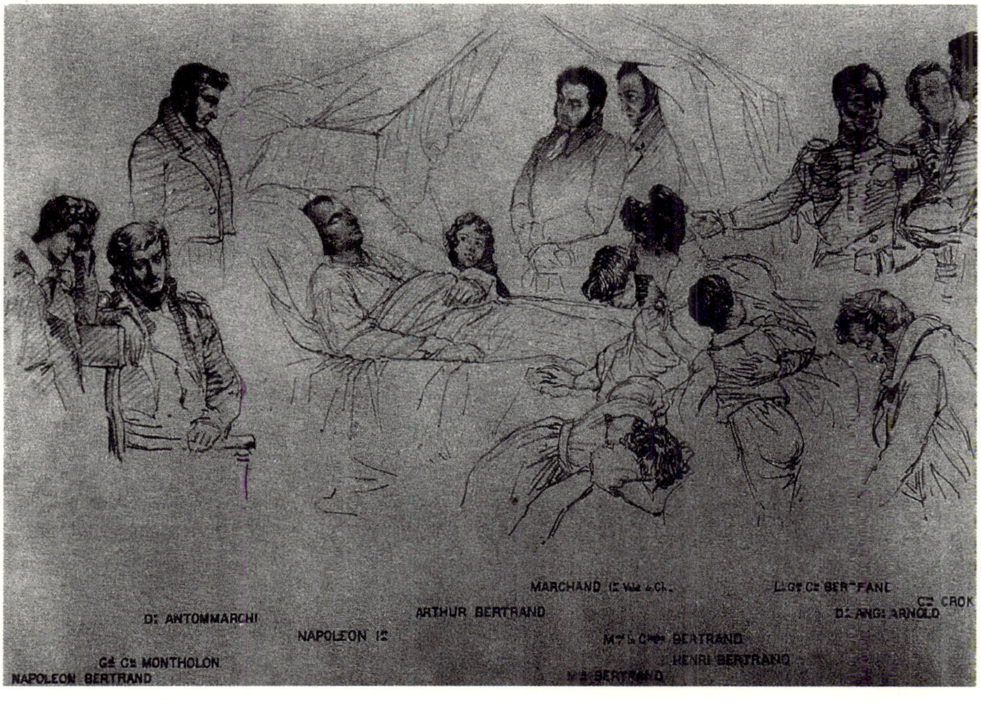

Funeral de Napoleão, *sobre* esboço do capitão-tenente Frederick Marryat da Royal Navy em 8 de maio de 1821.

o divinizaram. O exército francês não cansava de evocar o pequeno chapéu e o redingote cinza, com os quais "cruzara os Alpes e o Reno," vencera todos os reis da Europa e levara a bandeira tricolor até Moscou. O povo nunca deixou de ligar a lembrança de Bonaparte à da Revolução. Em 1830, bonapartistas e jacobinos unidos expulsaram pela segunda vez os Bourbons.

Algumas vezes, em Santa Helena, naquele deserto de amargura e tédio, desejou ter morrido em Moscou. "Sire," respondia Las Cases, "a história ficaria privada do retorno de Elba, o mais heroico ato que homem algum jamais realizou..." "*Eh bien*," diz o Imperador, "imagino que tenha havido algo de valor naquilo. Mas digamos Waterloo... Era lá que eu devia ter morrido." Esses construtores de glória desligam-se da própria existência, pairam acima dela e só a veem como obra de arte. Mas Napoleão, em seus dias de perfeita lucidez, sabia que Santa Helena era o sórdido, o sublime e o indispensável epílogo de sua história. Ao perder uma jogada, ganhou o jogo. O túmulo do Imperador, na cripta de Les Invalides, permanece para os franceses um lugar de peregrinação, e não só por causa de Arcole, de Austerlitz e de Montmirail. A França moderna sabe que foi modelada por essa bela mão.

Finis

Túmulo de Napoleão nos Invalides, Paris.

A águia imperial. Desenho de Chaudet.

CRONOLOGIA

1768 15 de maio. A Córsega torna-se possessão francesa, vendida a Louis XV pelos genoveses. Paoli lidera a resistência corsa contra a França.

1769 15 de agosto. Nascimento de Napoleão em Ajaccio.

1779 Charles Bonaparte vai para a França como representante da Córsega.
1º de janeiro. Napoleão Bonaparte entra para o seminário de Autun, mas em maio recebe uma bolsa de estudos para a escola militar de Brienne.

1784 22 de outubro. Napoleão é matriculado como "artilheiro" na escola militar de Paris.

1785 Fevereiro. Charles Bonaparte morre, com 39 anos de idade. Napoleão é enviado para Valence como aspirante a oficial.

1786 Janeiro. Napoleão torna-se oficial.
Setembro. Retorna à Córsega em licença e permanece com a mãe em Ajaccio por um ano.

1788 Janeiro a fim de abril, em licença novamente na Córsega.
1º de junho. Retorna a seu regimento.

1789 Revolução Francesa. Napoleão desempenha papel ativo na resistência corsa.

1792 1º de abril. Napoleão assume o subcomando dos voluntários corsos, como tenente-coronel, em uma expedição para anexar a Sardenha.
Junho. Napoleão retorna ao exército francês como capitão.

1793 25 de maio. A casa da família de Napoleão, em Ajaccio, é saqueada pelos rebeldes de Paoli. Letizia Bonaparte se refugia na França. Napoleão escreve *Le Souper de Beaucaire*.
Outubro. Nomeado comandante do grupo de artilharia para o cerco de Toulon.
22 de dezembro. Promovido a general de brigada por obra de membros da Convenção (Robespierre, Barras).

1794 Março. Napoleão assume o comando da artilharia na Itália.

1795 Setembro. Napoleão é chamado da frente italiana.
13 Vendémiaire (5 de outubro). Nomeado por Barras para comandar a guarnição militar de Paris, esmaga a insurreição monarquista e salva a Convenção.
Outubro. Nomeado pela Convenção para comandar o Exército do Interior.

1796 2 de março. Napoleão assume o comando das tropas na Itália.
9 de março. Casa com Josephine, viúva do general de Beauharnais.
27 de março. Assume o comando em Nice.
10 de maio. Vitória em Lodi.
10 de maio. Napoleão entra em Milão.
15-17 de novembro. Batalha de Arcole.

1797 14 de janeiro. Batalha de Rivoli.
18 de abril. Napoleão assina um esboço de paz com os austríacos, em Leoben.
17 de outubro. Tratado de Campo Formio. Napoleão anexa territórios cedidos pelos austríacos.
25 de dezembro. Napoleão é eleito para o Institut.

1798 19 de maio. Napoleão embarca para o Egito.
1º de julho. Chega a Alexandria, depois da captura de Malta, em junho, por Brueys.
21 de julho. Batalha das Pirâmides.
24 de julho. Os franceses entram no Cairo.
1º-2 de agosto. Nelson destrói a esquadra francesa na batalha da baía de Aboukir. Napoleão cria o Institut d'Égypte.

1799 9 de março-10 de maio. Cerco de Saint-Jean-d'Acre.
24 de julho. Vitória francesa contra os turcos em Aboukir.
Agosto. Napoleão deixa o Egito.
16 de outubro. Chega a Paris.
18 Brumario (9 de novembro). Demissão dos diretores Barras, Moulin

e Gohier. Transferência dos conselhos para Saint-Cloud onde o Conselho de Anciãos e parte dos Quinhentos aprovam a nova Constituição. Bonaparte, Sieyès e Roger Ducos tornam-se cônsules.
25 de dezembro. A nova Constituição entra em vigor, ratificada, em fevereiro de 1800, em referendo. Napoleão é eleito Primeiro Cônsul por dez anos. Cambacérès e Lebrun tornam-se os outros cônsules.

1800 Fevereiro. Napoleão funda o Banque de France. Centraliza a administração do país e cria a Polícia de Estado.
Março. Reforma do sistema judiciário. Áustria reinicia as hostilidades na primavera e, em maio, Napoleão conduz o exército através do Passo St Bernard.
14 de junho. Batalha de Marengo.
24 de dezembro. Atentado da Rue Saint Nicaise para assassinar Napoleão.

1801 9 de fevereiro. Tratado de paz de Lunéville com a Áustria. A França ganha a margem esquerda do Reno.
15 de julho. Concordata com a Igreja.

1802 25 de março. Tratado de Amiens com a Inglaterra.
8 de maio. Criada a Legion d'Honneur.
3 de agosto. Plebiscito faz Napoleão cônsul vitalício com direito a designar seu sucessor.

1803 7 de abril. O sistema monetário é estabelecido pela lei de 17 Germinal.
13 de maio. Ameaça de guerra entre ingleses e franceses: os ingleses se recusam a sair de Malta e os franceses, da Holanda, da Suíça e do Piemonte.
16 de maio. Inglaterra embarga navios franceses. Napoleão planeja invadir a Inglaterra.

1804 Cadoudal é preso quando organiza um atentado contra a vida de Napoleão.
20 de março. Execução do duque de Enghien, em Vincennes.
22 de março. O Código Civil entra em vigência.
18 de maio. O Senado oferece a coroa imperial a Napoleão.
2 de dezembro. Coroação de Napoleão e Josefina.

1805 11 de abril. Forma-se a terceira coalizão entre Inglaterra, Áustria e Rússia.
Maio. Napoleão recebe a coroa de ferro dos reis da Normandia.
20 de outubro. Batalha de Trafalgar.
2 de dezembro Batalha de Austerlitz.
26 de dezembro. Tratado de Presbourg. Napoleão toma da Áustria a maior parte das províncias alemãs e a Itália. Áustria perde todo o acesso ao mar.

1806 Janeiro. Morte de William Pitt.
Março. José Bonaparte torna-se rei de Nápoles, e, em maio, Louis Bonaparte é proclamado rei da Holanda.
Julho. Napoleão cria a Confederação do Reno, na Alemanha, da qual se torna o Protetor.
Agosto. O Sacro Império Romano-Germânico é desfeito. Francisco II torna-se Francisco I, imperador da Áustria.
14 de outubro. Batalhas de Jena e de Auerstaedt.
21 de novembro. Em Berlim, Napoleão determina o bloqueio continental da Inglaterra.
Napoleão invade a Polônia. Conhece a condessa Marie Walewska.

1807 8 de fevereiro. Batalha de Eylau.
13- 4 de junho. Batalha de Friedland.
24 de junho-9 de julho. Napoleão encontra-se com o Czar Alexander I perto de Tilsit. O Czar reconhece as conquistas francesas na Europa, e Napoleão concorda que a Rússia estenda suas fronteiras e anex a Finlândia.
O Reino da Westfália é confiado a Jerome Bonaparte, e o Grão-Ducado de Varsóvia, ao rei da Saxônia.
27 de julho. Napoleão retorna a Paris.
Novembro. Quando Portugal se recusa a participar do bloqueio contra a Inglaterra, Napoleão manda Junot para Lisboa.

1808 3 de fevereiro. Tropas francesas comandadas por Miollis entram em Roma sob o pretexto de que o Papa Pio VII não respeitou o bloqueio.
Março. Napoleão cria a Universidade imperial com o monopólio do ensino. As escolas privadas passam a ser controladas.
Março. Murat ocupa Madrid.
Abril-Maio. Carlos IV da Espanha é forçado, por um levante popular, a abdicar em favor de seu filho Fernando VII.

Napoleão mantém ambos presos em Bayonne e faz José Bonaparte rei da Espanha. Murat substitui José como rei de Nápoles.
Rebelião na Espanha.
23 de julho. Dupont capitula diante dos espanhóis em Baylen.
1º de agosto. Sir Arthur Welesley, futuro duque de Wellington, desembarca tropas inglesas em Portugal.
30 de agosto. Convenção de Sintra. Junot obrigado a evacuar Portugal.
Setembro. Encontro de Napoleão com o Czar Alexander em Erfurt.
5 de novembro. Napoleão chega à Espanha.
2 de dezembro. Captura de Madrid. O regime feudal da Inquisição é extinto.

1809 Janeiro. Retorna a Paris ao saber que recomeçou a guerra com a Áustria e que Talleyrand e Fouché conspiraram contra ele.
13 de maio. Napoleão entra em Viena.
10 de junho. Anexa Roma e os Estados Pontifícios. Deporta o papa Pio VII.
4-5 de julho. Batalha de Wagram.
14 de outubro. Paz de Viena. Áustria cede a Galícia, que é dividida entre o Grão-Ducado de Varsóvia e Alexander, além de outros territórios para a França.
16 dezembro. Anulação do casamento de Napoleão e Josefina.

1810 2 de abril. Napoleão casa-se com a princesa Marie-Louise, da Áustria.

1811 20 de março. Nascimento do Rei de Roma.

1812 25 de abril. Alexander envia ultimato a Napoleão para evacuar a Prússia.
24 de junho. Napoleão atravessa o Niemen e invade a Rússia no comando do Grande Exército. Os russos retiram-se para o interior.
17 de agosto. Tomada de Smolensk.
7 de setembro. Batalha de Borodino.
14 de setembro. Entra em Moscou e aguarda em vão que os russos reajam.
19 de outubro. Evacua Moscou depois do incêndio da cidade.
22 de outubro. Tentativa de golpe de Estado na França: o general Malet toma o poder por uma noite, ao anunciar a morte de Napoleão.
25-27 de novembro. Travessia do Beresina.
18 de dezembro. Napoleão retorna a Paris por Dresden, após ditar o 29º Boletim.

1813 28 de fevereiro. A Prússia assina tratado de aliança com a Rússia.
2 e 20 de maio. Vitórias francesas em Lutzen e Bautzen.
21 de junho. Wellington derrota o exército francês em Victoria, na Espanha.
10 de agosto. Áustria entra na guerra.
16-19 de setembro. Batalha das Nações em Leipzig.

1814 25 de janeiro. Napoleão deixa Paris. Vê a Imperatriz Marie-Louise e o Rei de Roma pela última vez.
Fevereiro-março. Vitórias francesas em Champaubert, Montmirail, Vauchamp, Montereau. No entanto, os aliados ainda avançam.
31 de março. O Czar e o rei da Prússia entram em Paris com as forças unificadas.
1º de abril. Talleyrand forma um governo provisório.
2 de abril. O Senado proclama a queda do imperador.
6 de abril. Napoleão abdica.
20 de Abril. Napoleão parte para Elba.

1815 Sabendo que republicanos e bonapartistas estão conspirando contra Louis XVIII, Napoleão decide retornar à França.
1º de março. Desembarca no golfo de Juan.
20 de março. Chega a Paris. Louis XVIII foge.
18 de junho. Batalha de Waterloo.
22 de junho. Napoleão novamente forçado a abdicar.
15 de julho. Rende-se aos ingleses a bordo do *Bellerophon*. É deportado para Santa Helena, onde chega em 17 de outubro.

1821 5 de maio. Morte de Napoleão.

PAINEL DAS ILUSTRAÇÕES

5 VISTA DE AJACCIO, em 1769, ano de nascimento de Napoleão. A ilha pertencia, desde alguns meses, exclusivamente à França, que a havia comprado de Gênova. Foto *Hachette*.

6 PASQUALE PAOLI, herói da independência da Córsega, por Cosway. Napoleão foi, por muito tempo, um fervoroso admirador do veterano guerreiro. Uffizi, Florença. Foto *Federico Arborio Mella*, Milão.

7 CASA DE BONAPARTE. Letizia Bonaparte, em 15 de agosto de 1769, retornou da missa e, nessa velha casa, deu à luz um menino que devia se chamar, na tradição familiar, Napoleone. Foto *Bulloz*.

7 CARLO-MARIA BONAPARTE (1746-1785). Descendente de uma antiga família toscana, antigo ajudante de ordens de Paoli, aliou-se aos franceses após Ponte Nuovo e permaneceu fiel a eles. Coleção particular. Foto *Hachette*.

LETIZIA LAMOLINO (1750-1836) casou-se com Carlo-Maria Bonaparte, quando tinha quatorze anos de idade. Em toda sua vida foi uma mulher de hábitos extremamente rigorosos. "Tenho sete ou oito soberanos que me recairão um dia nos braços," costumava dizer, para justificar um pouco sua tendência excessiva para a economia. Miniatura em marfim. Foto *Hachette*.

9 BUSTO DE NAPOLEÃO em seu tempo de Brienne. Violento, introspectivo, orgulhoso, o jovem Bonaparte, a quem seus amigos apelidaram de "*la-paille-au-nez*" (pela maneira como pronunciava seu nome), mostrou inegável talento para matemática e paixão por história e geografia. Musée Marmottan. Foto *Hachette*.

ENTRADA DO COLÉGIO MILITAR DE BRIENNE. Napoleão passou mais de 5 anos nesse colégio. Foi capaz de dizer, muito mais tarde em Santa Helena, "Sou mais da Champagne que da Córsega, criado em Brienne desde os nove anos de idade." Foto *Hachette*.

10 O MAIS ANTIGO RETRATO CONHECIDO DE NAPOLEÃO. Desenho, 1785. Foto *Giraudon*.

NAPOLEÃO TENENTE. Existem, ainda, a lista de leituras e os cadernos de notas desse moço que devorava bibliotecas inteiras e cuja fantástica memória tudo retinha – "mesmo o que absolutamente nada tinha com sua situação," declarou ele mais tarde, nostalgicamente, no auge de sua glória como Imperador. Desenhado por Louis Lafitte. Institut de France. Foto *Bardet*.

11 LUCIANO BONAPARTE (1775-1840). O mais brilhante e independente dos irmãos de Napoleão. Presidente do Conselho dos Quinhentos, ele salvou a situação em 18 Brumário, chamando as tropas. Miniatura por Jacques Réattu. Foto *Bulloz*.

CAPELA DA ESCOLA MILITAR EM PARIS. O edifício, projetado por Gabriel, é um dos pontos altos da arquitetura francesa do século XVIII. Foto *E. Boudot-Lamotte*.

13 LOUIS XVI usa o barrete frígio vermelho e brinda à nação diante da multidão que se aglomerou nas Tulherias (20 de junho de 1792). B.N. Estampes. Foto *Hachette*.

15 DÉSIRÉE CLARY, filha de um rico mercador marselhês. Sua irmã Marie-Julie casou-se com José Bonaparte. Napoleão escreveu sobre seu namoro com Désirée no romance *Clisson et Eugénie*. Désirée posteriormente casará com Bernadotte e tornar-se-á rainha da Suécia. Esboço a óleo por Gerard. Versailles. Foto *Hachette*.

16 CARTA DE NAPOLEÃO AO GENERAL CARTEAUX, comandante francês no cerco de Toulon. Bravo, mas ignorante, o general Carteaux nada entendeu dos planos do capitão Bonaparte. Foto *Neurdein*, Paris.

17 BONAPARTE NO SÍTIO DE TOULON. No subcomando da artilharia, Bonaparte viu suas ideias aceitas, e venceram a batalha. Dois dias depois da capitulação da cidade, Bonaparte foi feito general de brigada. Assim, galgara três postos. em quatro meses. Foto *Bulloz*.

19 JUNOT, ASSISTENTE DE NAPOLEÃO (1771-1813). O futuro duque d'Abrantes e marechal da França foi passionalmente devotado a seu chefe. *Mémoires de Mme d'Abrantès*, p. 240. Foto *Hachette*.

20 PAUL, VISCONDE DE BARRAS (1775-1829). Um dos responsáveis pela queda de Robespierre. Renunciou a membro do Diretório em 18 Brumário. Retrato de Carnavalet. Foto *Bulloz*.

BONAPARTE TENENTE-CORONEL, retrato de Philippoteaux, pintor de cenas de batalha que teve considerável sucesso popular. Foto *Neurdein*.

21 13 VENDIMIÁRIO (5 de outubro de 1795). Bonaparte, comandando a guarnição de Paris, metralha os insurgentes monarquistas nos degraus da igreja de Saint-Roch. Gravura de Helman, *após* C. Monnet. Foto *Hachette*.

22 A CASA DE JOSEFINA E NAPOLEÃO BONAPARTE. Josephine viveu nessa casa na rua Chantereine desde antes de seu casamento com Napoleão. Após seu regresso da campanha italiana, o nome da rua Chantereine foi trocado para rua da Vitória (2 de janeiro de 1798). Bibliothèque Marmottan. Foto *Hachette*.

23 NAPOLEÃO E JOSEFINA BONAPARTE. O casamento civil ocorreu em 9 de março de 1796. O casal mentiu sobre as idades, de modo a diminuir a diferença entre elas. Josefina nasceu em 1763. Gravura feita por um oficial ferido. Museu de Malmaison. Foto *Hachette*.

25 BONAPARTE COMANDANTE DO EXÉRCITO DA ITÁLIA. Ele tinha apenas vinte e sete anos de idade. Retrato de Bacler d'Albe. Foto *Giraudon*.

26 A BATALHA DE LODI. No anoitecer dessa vitória sobre os austríacos, o "pequeno cabo" (assim seus soldados tinham começado a chamá-lo) pôde acreditar em seu destino: "Eu me vi na História," diria mais tarde. Foto *Hachette*.

27 ENTRADA DOS FRANCESES EM MILÃO, 15 de maio de 1796. Segundo Stendhal, nesse dia, o mundo reconheceu que, "depois de tantos séculos, César e Alexandre tinham um sucessor." Foto *Hachette*.

CARTA DO GENERAL BONAPARTE AO CIDADÃO BARRAS datada de 23 de maio de 1796. Era a Barras, que conhecera em Toulon, que Bonaparte devia sua nomeação de comandante em chefe do exército da Itália. Coleção particular. Foto *Hachette*.

28 UMA DAS MAIS ANTIGAS CARICATURAS INGLESAS DE BONAPARTE (12 de março de 1797) pelo celebrado caricaturista Cruikshank. British Museum. Foto *John Freeman*.

29 A BATALHA DE ARCOLE (15-17 de novembro de 1796) por Bacler d'Albe, general e pintor francês (1762-1824). Vencida graças à coragem de Napoleão, que correu para a ponte, com a bandeira ao alto, levando a tropa à ação com sua coragem. (Salão de 1804.) Versalhes. Foto *Hachette*.

30 A BATALHA DE RIVOLI, vitória sobre o exército austríaco de Alvinzi. Nessa batalha de apenas um dia (14 de janeiro de 1797), vários cavalos que Napoleão montava morreram. Pintura de Philippoteaux. Foto *Bulloz*.

31 CHEGADA DO ARQUIDUQUE KARL À PONTE DE HUNINGUE (fevereiro de 1797). O irmão do Imperador, arquiduque Karl (1771-1847), um dos mais notáveis homens do exército austríaco, foi impedido de avançar no Reno após a destruição da ponte em Huningue. Desenho a bico de pena e aquarela. *Bildarchiv der Öst Nationalbibliothek*.

32 ASSINATURA DO TRATADO PRELIMINAR NO CASTELO DE EGGENWALD, perto de Leoben. Aqui Bonaparte conseguiu, apesar da situação perigosa, convencer os austríacos a concordarem com o projeto de acordo. Pintura de Guillaume Guillon, 1805. Versailles. Foto *Hachette*.

33 18 FRUTIDOR (4 de setembro de 1797). O general Augereau com suas tropas decide pela força o conflito entre o Diretório e os conselhos dominados pelos monarquista. Foto *Bulloz*.

ENTREGA DE CARTAS DE AGRADECIMENTOS DA CIDADE DE VIENA após o Tratado de Campoformio. Na conclusão do tratado de paz, em 17 de outubro de 1797, Bonaparte, ignorando as instruções do Diretório, mostrou-se particularmente favorável à Áustria. Gravura de Johann Renard. *Bildarchiv der Ost Nationalbibliothek*.

34 BONAPARTE PASSA POR LAUSANNE, a caminho de Rastadt. O vencedor da Itália havia sido eleito Primeiro Plenipotenciário da República Francesa junto ao Congresso da Rastadt convocado para discutir a transferência da margem esquerda do Reno para a França. Bibliothèque Marmottan. Foto *Hachette*.

35 ACOLHIMENTO DE BONAPARTE COMO MEMBRO DO INSTITUT, eleito para a Classe de Ciência em 25 de dezembro de 1797, por trezentos e cinco votos. Foto *Arborio Mella*, Milão.

36 PLANO PARA TRAVESSIA DO CANAL por balão ou túnel. Foto *Hachette*.

PLANO PARA INVADIR A INGLATERRA POR MEIOS ANFÍBIOS. A ideia de um desembarque na Inglaterra foi lançada para agitar a opinião pública. Bonaparte, posto no comando do exército da Inglaterra, registrou em 5 Ventoso: "Apesar de todos os nossos esforços, não conseguiremos, por vários anos, ganhar a supremacia nos mares. Atacar a Inglaterra sem a superioridade naval é operação muito audaciosa e difícil." Daí os mais temerários projetos para compensar essa inferioridade. Foto *Bibliothèque Nationale*.

37 CAPTURA DE MALTA (junho de 1798). Perseguido pela esquadra inglesa, que não pôde inter-ceptar os navios franceses, Bonaparte, de passagem, conseguiu conquistar Malta.

38 A BATALHA DAS PIRÂMIDES (21 de julho de 1798) por Vincent. No início dessa batalha, Bonaparte exortou as tropas com as famosas palavras: "Soldados, do alto destas pirâmides quarenta séculos vos contemplam." Mas o pintor escolheu aqui outro momento para retratar: a carga desesperada dos mamelucos. Coleção Princesa de La Tour d'Auvenge, Château de Grosbois. Foto *Hachette*.

39 NAPOLEÃO EM TRAJES ORIENTAIS conversa com o paxá do Cairo. Desde a conquista do Egito, Napoleão mostrou um grande

respeito pela religião e tradições muçulmanas. "Espero," escreveu ao xeique El Messiri, "criar um regime baseado nos princípios do Alcorão, que são os únicos verdadeiros e que só eles podem fazer os homens felizes." Gravura de Le Roy *após* Desrais. Foto *Hachette*.

A TOMADA DO CAIRO (24 de julho de 1798). Napoleão começou com paixão a tarefa de reorganizar o país com vistas a adaptá-lo ao progresso. Gravura de Le Roy, *após* Desrais. Foto *Hachette*.

40 LORD NELSON (1802). Com quarenta anos de idade, três antes de sua morte em Trafalgar. Retrato por H. Edridge. National Portrait Gallery, Londres.

41 A BATALHA DA BAÍA DE ABOUKIR (1-2 de agosto de 1798). A vitória de Nelson bloqueou o exército francês no Egito. Napoleão respondeu, quando um oficial expôs a situação: "Então, não temos esquadra? Ou bem ficamos nestas paragens, ou saímos em grandeza como os Anciãos." Bibliothèque Nationale. Foto *Hachette*.

BONAPARTE VISITA O INSTITUT D'ÉGYPTE NO CAIRO. O general instalou no Egito mais de cento e sessenta eruditos. O trabalho do Institut no Cairo ocupou uma dúzia de volumes. Pouthas: *Histoire de l'Egypt depuis la conquête ottomane*, p. 53. Collection Henrien.

42 O ASSÉDIO DE SAINT-JEAN D'ACRE (1799). Bonaparte esbarra na obstinada resistência de seu ex-colega de Brienne, Phelippeaux, um *émigré*, e do inglês Sidney Smith. "Não fosse pelo aventureiro inglês e pelo *émigré* francês," disse Napoleão mais tarde, "eu poderia ter subjugado metade da Ásia e tomado a Europa de reverso. W.H. Sutherland. Foto *Hachette*.

ESBOÇO DO CERCO DE SAINT-JEAN D'ACRE, desenhado por Napoleão quando ditava suas memórias em Santa Helena, cerca de vinte anos após o fato. Collection Henrien.

43 NAPOLEÃO VISITA VÍTIMAS DA PESTE EM JAFFA, pintura de Gros. É um daqueles atos de humanidade e coragem que fizeram Bonaparte tão popular entre seus soldados. Essa famosa tela do barão Gros (1771-1815) teve profunda influência na escola romântica francesa. Louvre. Foto *Hachette*.

44 SIEYÈS, em 1817, por David. Ex-abade, um dos fundadores do clube dos jacobinos, membro da Convenção, do Diretório, cônsul e um dos mais brilhantes teóricos das instituições republicanas. Foto *Hachette*.

45 FOUCHÉ (1759-1820). Ministro da Polícia e duque de Otranto, juntou forças com os Bourbons após os Cem Dias. Miniatura. Collection Sciolette, Paris. Foto *Hachette*.

TALLEYRAND (1754-1838) o ex-bispo ministro do Exterior do Diretório (1796).

46 A MANHÃ DE 18 BRUMÁRIO. 9 de novembro de 1799. Cena dos dois dias que fizeram de Bonaparte senhor da França. Foto *Bulloz*

47 GOLPE DE ESTADO DE BONAPARTE, 10 de novembro de 1799. Caricatura por Gillray, publicada em 21 de novembro de 1799. James Gillray, o celebrado desenhista inglês que deixou mais de mil e duzentas caricaturas, percebeu logo esse importante acontecimento internacional. *Foto John Freeman*.

48 O CASTELO DE SAINT-CLOUD. Foi para essa antiga residência de Philippe d' Orléans, irmão de Louis XIV, que o Conselho dos Quinhentos e o Conselho dos Anciãos foram transferidos no 18 Brumário. *Foto Hachette*.

49 PROCLAMAÇÃO DE BONAPARTE, SIEYÈS E DUCOS COMO CÔNSULES. Em termos pomposos foi apresentada a constituição do governo provisório. B.N. Estampes. *Foto Hachette*.

51 BONAPARTE, CAMBACÉRÈS E LEBRUN (1799). Os três Cônsules após a prorrogação da Constituição do Ano VII. Cambacérès (1753-182) e Lebrun (1739-1824), ambos advogados profissionais de grande experiência legal, foram preciosos colaboradores para Bonaparte. *Foto Hachette*.

53 BONAPARTE, PRIMEIRO CÔNSUL, passando em revista as tropas nas Tulherias, por Isabey (1767-1815) e Carle Vernet (1758-1835). *Foto Hachette*.

54 WILLIAM PITT (1759-1806). Primeiro-ministro de Sua Majestade Britânica aos vinte e quatro anos de idade, Pitt se opôs obstinadamente à Revolução e ao Império. *National Portrait Gallery. Londres. Foto fornecida pelo museu*.

55 PASSO DO GRAND SAINT-BERNARD, em 14 de maio de 1800. Bonaparte preparou minuciosamente essa operação qualificada pelos especialistas como "possível... mas somente com extraordinário esforço. Nenhum canhão ou carroça havia passado antes. *Foto Bildarchiv der Öst Nationalbibliothek, Viena*.

56 A BATALHA DE MARENGO (14 de junho de 1800), por Lejeune. Após quatro ataques seguidos de quatro contra-ataques, parecia que o resultado do combate seria a favor dos austríacos. No entanto, a intervenção de Desaix, que foi então mortalmente ferido, mudou a situação e determinou a vitória. *Musée de Versalhes. Foto Hachette*.

57 MARECHAL JEAN-BAPTISTE BERNADOTTE, por Butay. Esse ex-sargento da Marinha Real, tornado Marechal da França e Príncipe de Pontecorvo, foi adotado em 1810 pelo rei da Suécia, Charles XIII, ao qual sucedeu em 1818 (1763-1844). *Collection Bécart de Bernadotte. Foto Hachette*.

BONAPARTE PRIMEIRO CÔNSUL, por Gros. Nesse retrato oficial, ele está usando o uniforme consular vermelho. *Musée de la Légion d'Honneur. Foto Hachette*.

58 O TRIUNFO DE NAPOLEÃO BONAPARTE. Após a campanha da Itália, o Primeiro Cônsul, tendo restaurado a paz na Europa e levado a concórdia ao interior do país, gozava de imensa popularidade. *Foto Hachette.*

59 A MÁQUINA INFERNAL DA RUA SAINT-NICAISE. Um dos muitos inventos artificiosos usados por terroristas em suas várias tentativas de assassinar Napoleão. *Bibliothèque Nationale. Foto Hachette.*

60 LOUISIANA, COLÔNIA FRANCESA VENDIDA POR TALLEYRAND AOS ESTADOS UNIDOS. Por esse acordo, feito em 3 de maio de 1803, a França assegurou a neutralidade americana no momento em que os ingleses preparavam-se para retomar as hostilidades. *Bibliothèque Nationale. Foto Hachette.*

61 PAUL I, CZAR DA RÚSSIA (1754-1801). Filho de Pedro III e de Catarina, a Grande, reconciliou-se com a França após a ocupação de Malta pelos ingleses. Foi assassinado em 1801. *Coleção Sementchenkoff, Paris. Foto Hachette.*

62 O ATENTADO DA RUA SAINT-NICAISE (24 de dezembro de 1800). O Primeiro Cônsul e Josefina Bonaparte escaparam ilesos, mas a explosão feriu cinquenta e seis pessoas, matou vinte e duas e avariou cinquenta casas. *Musée Carnavalet. Foto Hachette.*

63 A PAZ DE AMIENS, caricatura de James Gillray. *Brithish Museum. Foto John Freeman.*

VERSO E REVERSO DA MEDALHA comemorativa da Paz de Amiens. O tratado de paz foi assinado em 1º de janeiro de 1803. *Foto Hachette.*

64 NA PÁSCOA (8 de abril) de 1802, o clero da França jura fidelidade ao Primeiro Cônsul e a seus colegas, na Igreja de Notre-Dame na presença de um delegado do Papa. *Bibliothèque Nationale. Foto Hachette.*

65 PLEBISCITO DE 29 DE JULHO DE 1802. De 3.577.259 votos emitidos, 3.568.885 foram a favor do consulado vitalício e pelo direito de Bonaparte escolher seu sucessor. *Archives Nationales. Foto Hachette.*

66 BONAPARTE EM 1802, por Philips. Ele tinha trinta e dois anos de idade. *Photo Aubert Kodak, Bayonne.*

67 O PRIMEIRO CÔNSUL assiste a uma grande parada no pátio das Tulherias. Trata-se de uma das suntuosas revistas de tropa que tanto agradavam a Napoleão e à população parisiense. *Bibliothèque Nationale.*

PÁGINA DE ROSTO DO CÓDIGO CIVIL promulgado em 21 de março de 1804. "Minha glória," dirá Napoleão em Santa Helena, "não é por ter ganho quarenta batalhas... o que nada pode apagar, o que viverá eternamente, é meu Código Civil." *Collection Sciolette. Foto Hachette.*

68 VERSO E REVERSO DA MEDALHA DA LÉGION D'HONNEUR. *Collection Sciolette. Foto Hachette.*

69 CRIAÇÃO E ORGANIZAÇÃO DA LÉGION D'HONNEUR. O projeto de lei data de 8 de maio de 1802. *Foto Bulloz.*

NAPOLEÃO VISITA O SALÃO DO LOUVRE e dá a Légion d'Honneur a artistas, 22 de outubro de 1808. Gros, aluno de David, representa Napoleão entregando a cruz da Légion d'Honneur a seu mestre. *Service de documentation photographique. Versalhes.*

70 NAPOLEÃO INSPECIONA O ACAMPAMENTO DE BOULOGNE. Operários franceses, italianos e holandeses trabalham na construção de uma frota de desembarque. Previa-se que seriam necessários 150 mil homens para combater os ingleses. *Foto Hachette.*

71 CARICATURA POR GILLRAY DOS PLANOS DE DESEMBARQUE. *British Museum. Foto John Freeman.*

CARICATURA POR GILLRAY DOS MESMOS PLANOS DE DESEMBARQUE. Bonaparte é representado como enfurecido com os ataques da imprensa inglesa contra ele. *British Museum. Foto John Freeman.*

72 EXECUÇÃO DO DUQUE D'ENGHIEN. Sequestrado em território estrangeiro, contra todos os princípios de direitos humanos, último descendente dos Condés, esse homem inocente foi executado em Vincennes em 20 de março de 1804. O incidente fez Chateaubriand renunciar ao cargo de Ministro Plenipotenciário. *Bibliothèque Marmottan. Foto Hachette.*

73 CHATEAUBRIAND EM 1791. Com a idade de vinte e três anos, em 7 de abril ele embarca em Saint-Malo para a América, e retorna em dezembro do mesmo ano. *Foto Bulloz.*

GEORGE CADOUDAL. Após desembarcar na França vindo da Inglaterra, esse antigo monarquista se propõe a sequestrar o Primeiro Cônsul e levá-lo para Londres. Foi preso em Paris no Carrefour de Buci e executado. *Bibliothéque Nationale.*

74 2 DE DEZEMBRO DE 1804. O cortejo imperial passa em frente ao Palácio do Tribunat a caminho de Notre-Dame. O Tribunat estava sediado no Palais-Royal. *Foto Hachette.*

FESTA DA CONSAGRAÇÃO E DA COROAÇÃO. Fogos de artifício na Place de Grève, representando a passagem pelo Grand Saint-Bernard. Essa travessia tornou-se parte da lenda napoleônica. Bibliothèque *Marmottan. Foto Hachette.*

75 A CONSAGRAÇÃO DE NAPOLEÃO. David representou o momento em que põe a coroa na cabeça de Josefina. Madame Mère, que figura no quadro, não assistiu à cerimônia. *Musée du Louvre. Foto Hachette.*

77 A IMPERATRIZ JOSEFINA, por Prud'hon. O talento de Prud'hon, marcado de elegância, era perfeitamente adequado ao seu modelo. *Musée de Malmaison. Foto Bulloz.*

78 NAPOLEÃO E MADAME HATZFELD. O Príncipe de Hatzfeld, governador de Berlim sob a ocupação francesa, foi levado à corte marcial por ter fornecido informações ao rei da Prússia. Napoleão devolve as cartas comprometedoras a Mme. de Hatzfeld com as palavras: "Seu marido está livre." *Bibliothèque Nationale, Collection Hennin. Foto Hachette.*

79 NAPOLEÃO EM SEU GABINETE. *Esboço por David. Foto Bulloz.*

MÓVEIS IMPÉRIO. O mobiliário estilo Império inspirado na antiguidade adota linhas retas, severas e um pouco pesadas. *Musée de Malmaison. Foto Hachette.*

81 RETRATO DO CZAR ALEXANDRE I (1810). O czar tinha trinta e três anos de idade. Foi a época em que Napoleão quis tornar-se seu cunhado casando com a grã-duquesa Anne. *Segundo Bosio. Collection Semntchenkoff, Paris. Foto Hachette.*

82 ENTRADA TRIUNFAL DE NAPOLEÃO EM VIENA, novembro de 1805. Napoleão estabelecera seu quartel-general no Palácio de Schönbrunn. *Collection de Vinck. Foto Bibliothèque Nationale.*

83 RENDIÇÃO DOS AUSTRÍACOS EM ULM (20 de outubro de 1805). Capitulação do general Marck e seu exército. *Pintura por Charles Thévenin, 1815. Versalhes. Foto Hachette.*

84 PLANO DE BATALHA DE TRAFALGAR. Por uma manobra genial, Nelson destruiu a armada francesa, consideravelmente superior à sua em número. *Foto Hachette.*

A BATALHA DE TRAFALGAR, por Stanfield. No início do combate, Nelson lançou sua famosa ordem: "A Inglaterra espera que cada um cumpra seu dever." Ferido mortalmente a bordo do *Victory*, Nelson soube da notícia de sua vitória poucos momentos antes de fechar os olhos. Teve ainda forças para murmurar: "Deus seja louvado! Cumpri meu dever." *Tate Gallery, Londres. Foto Mas, Barcelona.*

85 A BATALHA DE AUSTERLITZ (2 de dezembro de 1805), segundo Gérard. Em sua proclamação ao exército em 1º de dezembro de 1805, Napoleão disse: "Precisamos terminar esta campanha com um ribombo de trovão." E isso foi o que ocorreu no dia seguinte, data de aniversário de sua coroação. Em 3 de dezembro, o Imperador Franz veio aos postos avançados pedir o armistício. *Musée de Versalhes. Foto Hachette.*

86 VÉSPERA DA BATALHA DE AUSTERLITZ. A lenda napoleônica foi amplamente alimentada pelas gravuras populares e pelos desenhistas de grande talento, como Raffet (1804-1860) e Charlet (1792-1845). *Collection Sementchenkoff. Paris. Foto Hachette.*

LOUIS BONAPARTE, rei da Holanda (1778-1846). Em 1806, Napoleão confiou o trono da Holanda a seu irmão. Tomou-lhe de volta em 1810, depois de Louis ter mostrado hesitação no uso do bloqueio. Marido de Hortense de Beauharnais (1783-1837), Louis Bonaparte seria o pai do futuro Napoleão III. *Foto Topografische Atlas Gem. Archiefdienst, Amsterdam.*

JOSÉ BONAPARTE, rei de Nápoles (1768-1844). Irmão mais velho de Napoleão, foi feito em 1806 rei de Nápoles e, de 1809 a 1813, rei da Espanha. *Bibliothèque Nationale. Foto Hachette.*

87 JEROME BONAPARTE, rei da Westfália (1784-1860). Rei da Westfália de 1807 a 1813, tornou-se Marechal da França sob o Segundo Império. *Collection Sciolette, Paris. Foto Hachette.*

PAULINE BORGHESE (1780-1825). Casada com o general Leclerc, que morreu de febre amarela em São Domingos, ela desposou a seguir o príncipe Camille Borghese e tornou-se duquesa de Guastalla. *Musée Marmottan. Foto Hachette.*

ELISA BONAPARTE (1777-1820). Casada com Felix Bacciochi, que se tornou príncipe de Lucques e de Piombino. *Busto por Bartolini. Blois. Foto Bulloz.*

89 CHARLES JAMES FOX em 1806, com a idade de cinquenta e sete anos. Esse grande orador *whig* foi adversário de Pitt e defensor da reconciliação com a França. Ele é apresentado aqui no ano de sua morte. "A morte de Fox," disse Napoleão mais tarde, "é uma das tragédias de minha carreira; tivesse ele continuado a viver, a paz seria certa." *British Museum, Londres.*

90 A BATALHA DE IENA (14 de outubro de 1806). "Iena foi uma grande vitória," escreveu Napoleão. "O inimigo tinha cento e cinquenta mil homens; fiz vinte mil prisioneiros, capturei cem peças de canhões e bandeiras." "Napoleão soprou a Prússia," disse o poeta Henri Heine, "e a Prússia deixou de existir." *Foto Germanisches National Museum, Nuremberg.*

NAPOLEÃO RECEBE A RAINHA LOUISE, da Prússia, em Tilsit, 6 de julho de 1807. O Imperador se mostrou cortês mas resoluto. Única concessão: manter a monarquia prussiana. *Musée de Versalhes. Foto Hachette.*

91 NAPOLEÃO ENTRA EM BERLIM. A notícia provocou imenso entusiasmo em Paris. No Café Tortoni apostava-se cem *louis* contra cinco centavos, que "Sua Majestade estará em São Petersburgo em 30 de dezembro." As cotações na Bolsa atingiram níveis sem precedentes. Em 21 de novembro de 1806, Napoleão assinou em Berlim um decreto instituindo o bloqueio continental. *Foto Bildarchiv der Öst Nationalbibliothek. Viena*

92 CONDESSA MARIE WALEWSKA, miniatura feita por Isabey. Napoleão teve com essa bela polonesa um filho que se tornou ministro dos Assuntos Estrangeiros sob Napoleão III e

que presidiu o Congresso de Paris em 1856. *Foto Hachette.*

ENTRADA TRIUNFAL DOS FRANCESES COMANDADOS POR MURAT EM VARSÓVIA, 28 de novembro de 1806. Murat era na época Grão-Duque de Berg. *Foto Hachette.*

93 A BATALHA DE EYLAU (7 de fevereiro de 1807), não resolvida, foi cenário de uma terrível carnificina. *Aquarela por Simeon Fort. Musée de Versalhes. Foto Hachette.*

94 A BATALHA DE FRIEDLAND (13-14 de junho de 1807). Espetacular vitória de Napoleão sobre as tropas russas, que foram perseguidas até o Niemen. "Minhas águias," escreveu Napoleão, "se arvoraram sobre o Niemen." *Foto Hachette.*

95 ENCONTRO DE NAPOLEÃO COM O CZAR EM TILSIT, 25 de junho de 1807. Após o teatral encontro em uma jangada no meio do Niemen, as conversações continuaram em Tilsit. "Gosto de Alexandre," disse Napoleão. "Se ele fosse mulher, creio que o faria apaixonar-se por mim." *Collection Sementchenkoff, Paris. Foto Hachette.*

97 JUNOT EM PORTUGAL em 1807, por David. Junot comandou as tropas francesas que tomaram Lisboa em novembro de 1807. *Collection Chevrier. Foto Bulloz.*

JOACHIM MURAT, REI DE NÁPOLES. Cunhado de Napoleão, comandante da cavalaria imperial, Murat recebeu o trono de Nápoles em 1809. Morreu corajosamente, diante do pelotão de fuzilamento em 1815. *Laboratorio fotografico della Soprintendenza alle Galerie, Napoli. Foto Federico Arborio Mella, Milan.*

98 CAPITULAÇÃO DO GENERAL DUPONT EM BAYLEN, 1808. Após a rendição, Napoleão disse ao chefe do Estado-maior do general Dupont: "Num campo de batalha, luta-se, Monsieur; e se, em vez de lutar, capitularmos, mereceremos ser fuzilados." *Pintura por Casado del Alisal (detalhe). Museo de Arte Moderna, Madrid. Foto Mas, Barcelona.*

99 FRANÇOIS-JOSEPH TALMA (1763-1826). Ator favorito de Napoleão, que o chamou para atuar diante de uma "plateia de reis" em Erfurt. Talma tentou introduzir um elemento mais forte de naturalidade e de exatidão histórica na sua interpretação dos grandes papéis do repertório. *Comédie Française. Foto Hachette.*

100 O DUQUE DE WELLINGTON, desenho de Goya (1812). Sir Arthur Wellesley, Lord Wellington em 1810 e Duque após a vitória de Toulouse (1814). *British Museum. Courtesy os the Trustees of the British Museum.*

101 "DOS DE MAYO", por Goya. O artista representou a investida dos mamelucos contra madrilenos revolucionários. *Collection Villahermosa, Madrid. Foto Mas, Barcelona.*

102 O MARECHAL LANNES, por Gérard. Duque de Montebello, Lannes foi mortalmente ferido em Essling (1769-1809). *Collection Marquis de Nazelle. Foto Bulloz.*

AS RUÍNAS DO SEMINÁRIO DE ZARAGOZA após a explosão de 27 de junho de1808 provocada pelos insurretos espanhóis defendendo sua cidade. Lannes tomou a cidade em 1809. *British Museum. Foto John Freeman.*

103 O BOMBARDEIO DE VIENA em 13 de maio de 1809. Depois de dois dias de bombardeio, a cidade rendeu-se a Napoleão e pela segunda vez ele entra em Viena. *Litografia de Gérard após Höchle. Foto Bildarchiv der Öst Nationalbibliothek. Viena.*

104 CASTELO DE MALMAISON: A VISTA DO PARQUE. Comprado por Josefina enquanto Napoleão estava no Egito, este era um dos lugares de que Napoleão mais gostava. *Gravura por Perdoux segundo Bourgeois. Foto Hachette.*

105 RETRATO DE JOSEFINA, por Gros. Foi Josefina quem apresentou Gros a Napoleão na Itália. O artista soube ganhar a simpatia e a confiança do Primeiro Cônsul. *Musée de Malmaison. Foto Bulloz.*

CÓPIA DE UMA CARTA DE JOSEFINA A NAPOLEÃO NA ÉPOCA DE SEU DIVÓRCIO, em 1809. A correspondência entre Napoleão e Josefina constitui um documento de grande importância para a compreensão do caráter do Imperador. *Foto Hachette.*

106 A ARQUIDUQUESA MARIE-LOUISE (1701-1847). Filha do Imperador Franz I da Áustria, ela se casou com Napoleão com apenas dezoito anos. Após a abdicação, tornou-se Duquesa de Parma. Depois da morte de Napoleão, ela desposou o Conde de Neipperg e, mais tarde, o Conde de Bombelles, *émigré* francês. *Collection Sciolette, Paris. Foto Hachette.*

107 NAPOLEÃO APRESENTA O FILHO AOS DIGNITÁRIOS DO IMPÉRIO, 21 de março de 1811, por Rouget. "Ele tem meu peito, minha boca, meus olhos," disse Napoleão de seu filho. *Versailles. Foto Hachette.*

O REI DE ROMA, nascido em março de 1811, por Isabey. Após a abdicação de seu pai, ele recebeu o título de duque de Reichstadt e viveu na corte imperial austríaca (1811-1832). *Foto Hachette.*

108 "JOHN BULL IMPEDE NAPOLEÃO DE MONTAR NO GLOBO" em outubro de 1806. Caricatura publicada em janeiro de 1807. *Collection Hennin. Foto Hachette.*

109 RETRATO DO CARDEAL FESCH (1763-1839). Meio-irmão de Letícia Bonaparte, arcebispo de Lyon e grão-capelão do Império. *Coleção particular. Roma. Foto Giraudon.*

110 O CONSELHO NACIONAL REUNIDO EM PARIS em 17 de junho de 1811 para regular a questão da investidura dos bispos. *Collection Hennin. Foto Bibliothèque Nationale.*

112 A BATALHA DE SMOLENSK, 17 de agosto de 1812. Após um amargo conflito, a cidade foi tomada, e o exército do marechal russo Ba-

gration teve de se retirar. *Musée de l'Armée. Foto Hachette.*

113 BUSTO DO MARECHAL NEY (1769-1815), por Houdon. Duque d'Elchingen, príncipe da Moskova, "o bravo dos bravos" para seus soldados, aliado aos Bourbons, Ney foi encarregado de deter o avanço de Napoleão em seu retorno de Elba. Em Auxerre ele pôs seu exército à disposição do Imperador. Após a Restauração, foi fuzilado em 7 de dezembro de 1815. *Collection duc d'Elchingen. Foto Bulloz.*

PRÍNCIPE KUTUZOV (1745-1813). Marechal russo, distinguiu-se nas guerras contra os turcos. Foi comandante supremo dos exércitos do Czar em 1812. *Collection Sementchenkoff, Paris. Foto Hachette.*

114 CONDE FEODOR ROSTOPCHIN (1763-1826), governador de Moscou. Foi ele quem disse ao Czar "Vosso império tem dois poderosos defensores: a extensão e o clima." Foi pai da condessa de Ségur, autora de "General Dourakine". *Collection Viscondessa de Pitray--Ségur. Foto Hachette.*

115 O INCÊNDIO DE MOSCOU. Desconfia-se de que foi Rostopchin quem deu início ao fogo. Gravura de Schmidt *após* Drosde. *Bibliothèque Marmottan. Foto Hachette.*

116 A TRAVESSIA DO BERESINA. O Grande Exército, dizimado pela luta e pelo frio, conseguiu atravessar o rio por passarelas montadas pelos engenheiros do general Eblé. *Litografia por V. Adam. Foto Hachette.*

117 ARMAND DE CAULAINCOURT (1772-1827), desenho de David. O marquês de Caulaincourt, duque de Vicenza, foi Grande Escudeiro e depois embaixador imperial na Rússia. *Musée de Bésançon. Foto Giraudon.*

CHEGADA DE NAPOLEÃO A DRESDEN em sua volta da Rússia, em 1812. Num trenó, com Caulaincourt e Duroc, Napoleão, que confiara o comando das tropas a Murat, dirige--se às pressas para Paris. A tentativa de golpe de estado do general Malet (22 de outubro de 1812) demonstra a fragilidade do regime na ausência do Imperador. *Foto Bildarchiv der Öst Nationalbibliothek. Viena.*

118 LEITURA DO XXIXº BOLETIM DO GRANDE EXÉRCITO, por Boilly. Nesse "terrível boletim," Napoleão admite a ruína do Grande Exército, a despeito de suas retumbantes vitórias. No entanto, ele cuidou para que a publicação desse boletim no *Moniteur* só fosse feita depois de vinte e quatro horas da notícia de sua chegada a Paris. *Coleção Particular. Foto Bulloz.*

119 METTERNICH (1773-1859). Chanceler da Áustria, dirigiu o Congresso de Viena e foi o idealizador da Santa Aliança. Foto *Bildarchiv der Öst Nationalbibliothek. Viena.*

120 A BATALHA DE LÜTZEN 1813. Tem-se informação de uma testemunha que Napoleão, ele próprio, lançou-se à refrega, "puxou da espada, colocou-se entre duas fileiras, adiantando-se com elas para penetrar na cidade." *Pintura de Joseph Beaume, 1837 (detalhe do painel central). Versalhes. Foto Hachette.*

121 JOVENS RECRUTAS EM 1813. "Nunca," escreveu um oficial, "um recrutamento rendeu soldados de tão bela e forte espécie." *Bibliothèque National. Foto Hachette.*

"OS DOIS REIS DO TERROR", caricatura por Thomas Rowlandson (1756-1827), célebre pintor, gravador e caricaturista inglês. *British Museum. Foto John Freeman.*

122 ENTRADA EM PARIS DOS ALIADOS ALEXANDER I E FRIEDRICH WILHELM III EM 1814. Acolhidos friamente pela população, os aliados foram aclamados somente pelos grupos monarquistas. *Collection Sementchenkoff, Paris. Foto Hachette.*

123 NAPOLEÃO SE DESPEDE DA GUARDA IMPERIAL EM FONTAINEBLEAU, 20 de abril de 1814. Napoleão beija a bandeira da Guarda e exclama: "Adeus de novo, velhos companheiros. Que esse beijo final vá direto aos vossos corações." Tela de A.A. Monfort, *sobre* Horace Vernet. *Musée de Versailles. Foto Hachette.*

124 CAPITULAÇÃO DE PARIS, 31 de março de 1814. Após dois dias de combate nos subúrbios parisienses, Mortier e Marmont decidem assinar o documento de capitulação. *Collection Sementchenkoff, Paris. Foto Hachette.*

125 "A ENTREGA OU A CADA UM AS SUAS COMPRAS", caricatura do Congresso de Viena. A Restauração dos Bourbons não ocorreu sem hesitações. O Czar não parecia favorável aos Bourbons, mas se deixou convencer por Talleyrand, que obteve carta branca e a usou habilmente. *Collection de Vinck. Bibliothèque National. Foto Hachette.*

OS ALIADOS NO TIVOLI, 1815. A paz reencontrada. *Bibliothèque Marmottan. Foto Hachette.*

126 NA CHEGADA À ILHA DE ELBA, Napoleão recebe as chaves de Portoferraio, 4 de maio de 1814. O Tratado de Fontainebleau (11 de abril de 1814) concedia-lhe a soberania da ilha e uma dotação que o governo francês teria de suprir. *Gravura anônima. Foto Bildarchiv der Öst Nationalbibliothek. Viena.*

127 O JARDIM DO GOVERNADOR EM PORTOFERRAIO. Napoleão devia residir no palácio do governador. *Bibliothèque National. Foto Hachette.*

A CASA DE NAPOLEÃO NA ILHA DE ELBA. *Foto Bulloz.*

128 NAPOLEÃO EMBARCA EM PORTOFERRAIO PARA A VIAGEM DE VOLTA. Em 26 de fevereiro de 1815, Napoleão sobe a bordo do *Inconstant* a caminho da França. Ele desembarca em 1º de março em Golfe Juan. *Foto Hachette.*

129 ENTRADA DE NAPOLEÃO EM GRENOBLE, 7 de março de 1815. Os habitantes abriram-lhe

largamente os portões da cidade. *Foto Hachette.*

130 NAPOLEÃO VOLTA A PARIS. Passagem pelo bairro de Halles. Gravura popular. A opinião se pronunciou com entusiasmo pelo "Homem da Nação." A águia "voara de campanário em campanário até as torres de Notre-Dame." *Foto Hachette.*

131 A VOLTA DE NAPOLEÃO A PARIS, 20 de março de 1815. No *Moniteur* de 20 de março lia-se: "O Rei e os príncipes partiram esta noite, S.M. o Imperador chegou esta tarde." *Bibliothèque Marmottan. Foto Hachette.*

A BATALHA DE WATERLOO, gravura de John W. Cook. A tenacidade de Wellington, a intervenção oportuna dos prussianos de Blücher, certos erros grosseiros do comando francês, e uma batalha que se iniciara favoravelmente para Napoleão termina em desastre. Em Waterloo, Napoleão disse: "Ninguém, a começar por mim, fez seu dever." *Foto Bildarchiv der Öst Nationalbibliothek. Viena.*

132-133 O CAMPO DE BATALHA DE WATERLOO no dia seguinte à derrota, gravura de M. Dubourg *após* John Heaviside Clark. Este pintor (1770-1863) deve seu apelido de Waterloo Clark ao croquis executado no campo de batalha de Waterloo. *Publicado em Londres em 18 de janeiro de 1817, por Edward Orme. Foto John Freeman.*

134 O ADEUS DE NAPOLEÃO A MALMAISON, desenho de Otto Fikentscher. Obrigado a deixar Paris, Napoleão retira-se para Malmaison. "Como Malmaison é bela," disse à sua anfitriã, a rainha Hortense, (...) como seria bom se eu pudesse ficar mais tempo." *Foto Bildarchiv der Öst Nationalbibliothek. Viena.*

135 NAPOLEÃO, QUE SE ENCONTRAVA EM ROCHEFORT, RENDE-SE EM 15 DE JULHO DE 1815 A BORDO DO *BELLEROPHON*, que estava ao largo, e entrega sua sorte às mãos inglesas. *Foto Bildarchiv der Öst Nationalbibliothek.*

136 DOIS DESENHOS MOSTRAM NAPOLEÃO A BORDO DO *NORTHUMBERLAND* durante a viagem para Santa Helena. *Foto Hachette.*

137 SANTA HELENA EM 1815. Numa carta de 20 de julho de 1815, o Primeiro-Ministro, Lord Liverpool, explica ao seu ministro do Exterior, Castlereagh, as razões que recomendavam Santa Helena como "o lugar mais apropriado no mundo para o aprisionamento de *Buonaparte*." *Aquarela de G.G. Gross. Bildarchiv der Öst Nationalbibliothek. Foto Hachette.*

SIR HUDSON LOWE, carcereiro de Napoleão em Santa Helena. Wellington o considerava estúpido, desconfiado e invejoso. Napoleão, que o detestava, dizia: "Suas maneiras são tão repulsivas que se ele vier me dizer que uma fragata está pronta para me levar para a França e que estou livre para ir aonde eu quiser, não me poderá dar alegria." *Publicada por Henry Colburn, março de 1836. British Museum. Foto John Freeman.*

138 NAPOLEÃO EM SANTA HELENA dita suas memórias ao jovem Las Cases. O conde de Las Cases (1766-1842), acompanhado de seu filho Emmanuel (1800-1854), embarcou no *Bellerophon* com Napoleão. Foi por sugestão dele que Napoleão começou a ditar suas memórias. Os oito volumes do *Memorial de Sainte-Hélène* foram publicados após a morte do Imperador. "Ninguém jamais poderá ocupar-se dos grandes eventos de nosso tempo," disse Napoleão a Las Cases, "ou escrever a meu respeito, sem recorrer a você..." Las Cases, *Oeuvre de Chasselat, Vol. II. Foto Hachette.*

139 ALGUNS VOLUMES DAS OBRAS COMPLETAS DE MOLIÈRE QUE NAPOLEÃO TINHA EM SANTA HELENA. Edição feita especialmente para ele por Didot em 1799. *Comédie Française, Paris. Foto Hachette.*

141 MORTE DE NAPOLEÃO, por Steuben. Napoleão morreu em 5 de maio de 1821, às "cinco horas e quarenta e nove minutos" da tarde, anotou o general Bertrand. *Archives photographiques.*

142 O FUNERAL DE NAPOLEÃO, sobre um desenho executado em 8 de maio de 1821 pelo capitão-tenente da Royal Navy Frederick Marryat. Tendo Hudson Lowe proibido a inscrição do título de Imperador, a pedra do túmulo permaneceu em branco. *Musée Bertrand, Châteauroux. Foto Hachette.*

143 TÚMULO DE NAPOLEÃO NOS INVALIDES. O monumento de granito vermelho foi executado conforme desenhos de Visconti (1843). *Verroust Atlas Photo.*

144 A ÁGUIA IMPERIAL, desenho de Chaudet. *Collection Sciolette. Paris. Foto Hachette.*

159 NAPOLEÃO, por David. É o político, o grande administrador que David retrata aqui. Napoleão sentiu que sua obra mais duradoura seria a organização institucional da França. "Não é como general que governo," disse o Primeiro Cônsul, "mas porque a nação acredita que possuo os atributos civis para governar." Samuel H. Kress Collection, Nova York. *Foto Giraudon.*

ÍNDICE

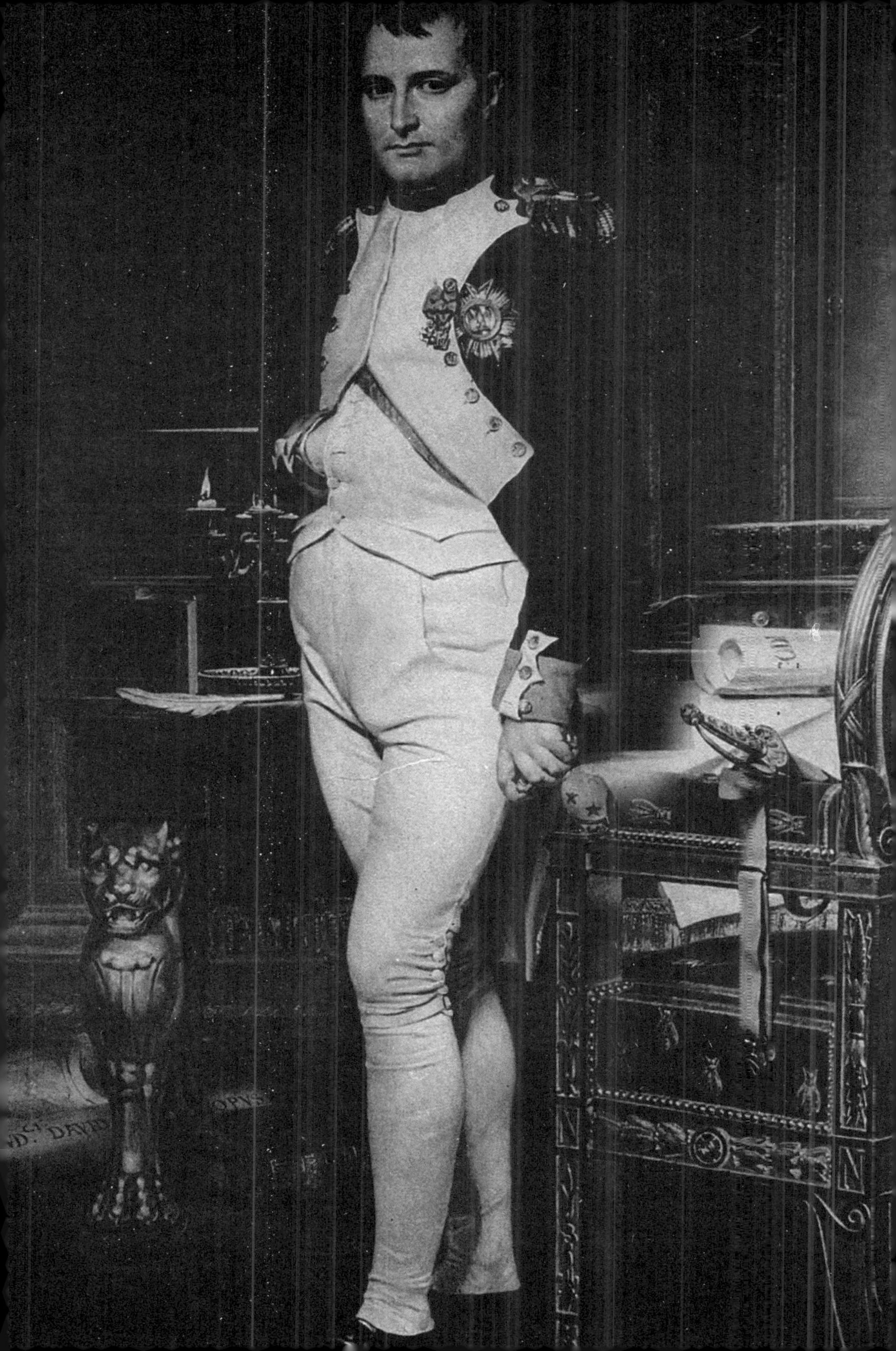

ESTE LIVRO, COMPOSTO NA FONTE FAIRFIELD, FOI
IMPRESSO EM PÓLEN BOLD 90G NA YANGRAF.
SÃO PAULO, BRASIL, JANEIRO DE 2013.